"

欧光安 杜 莹◎编著

不可

英语名剧名译赏析

儿戏

"

南开大学出版社
NANKAI UNIVERSITY PRESS

天 津

图书在版编目(CIP)数据

不可儿戏：英语名剧名译赏析 / 欧光安，杜莹编著.
天津：南开大学出版社，2025.1. — ISBN 978-7-310
-06630-8

Ⅰ. H315.9；I046；J805.1

中国国家版本馆 CIP 数据核字第 2024UB3511 号

“不可儿戏”——英语名剧名译赏析
“BUKE ERXI”——YINGYU MINGJU MINGYI SHANGXI

南开大学出版社出版发行

出版人：刘文华

地址：天津市南开区卫津路 94 号　　邮政编码：300071
营销部电话：(022)23508339　营销部传真：(022)23508542
https://nkup.nankai.edu.cn

天津午阳印刷股份有限公司印刷　全国各地新华书店经销
2025 年 1 月第 1 版　　2025 年 1 月第 1 次印刷
230×165 毫米　16 开本　15.75 印张　1 插页　226 千字
定价：68.00 元

如遇图书印装质量问题，请与本社营销部联系调换，电话：(022)23508339

前／言

在所有的文学类型中，戏剧与读者最为接近，观众直面布景与演员，其间的代入感自然更深。古希腊人热衷于观看戏剧，当他们在台下看到诸如俄狄浦斯弑父娶母自戕双眼的场面时，不知内心会激起多少跌宕起伏的情绪。亚里士多德将这种代入感以及起伏的情感过程名之曰 cathasis，此词难译，大意为"情绪的涤荡或情感的净化"。在《诗学》（Poetics）第六章中，亚里士多德如此定义悲剧：通过怜悯与恐惧，在观众中引起如此涤荡或净化过程的，即为悲剧。照此看来，悲剧尚有一种疗治的作用，其可在戏剧高潮与冲突之后迎来一种情感上的解脱或宁静。[①] 假定世间真有俄狄浦斯其人其事，他的人生悲剧如何"激动"另外一个时间和空间里的观众呢？那么，从这个角度来看，索福克勒斯的"创作"似乎也是某种程度上的"翻译"，即将原型人物的生离死别"翻译"或转移到观众或听众身上。再进一步延伸，俄狄浦斯的人生悲剧如何打动两千年后的异域读者（例如汉语读者）呢？那更需要翻译不可。

中西戏剧有着各自发展的路径，什么时候这两者相遇了，似乎很难考证，但可以想象的是：中文观众第一次看《俄狄浦斯王》和西文观众第一次看《窦娥冤》，在其心中恐怕都会激起别样的跌宕的情绪，引起这些情绪的原因之一也不难猜测——在我们熟悉的世界之外还有这样一种别样的世界。当然，中西戏剧随着各自历史的发展而发展。从史料来看，西方戏剧自近代以来对中国戏剧产生过较大的影响。研究中国近现代文学史的学者，对"春柳社""文明戏"这些词语并不陌生，尤其是文明戏，可以看作西方戏剧影响下中国现代戏剧的雏形。而中国现代戏剧之所以产生并

---

① J. A. Cuddon, *Dictionary of Literary Terms & Literary Theory*. London: Penguin Books, 1999, p. 115.

发展，留学学子功不可没。胡适在《新青年》引入了跨时代意义的"娜拉"，田汉和郭沫若则对叶芝和辛格的戏剧感兴趣，并在留学日本期间和之后翻译了数部爱尔兰文艺复兴戏剧。值得注意的是，爱尔兰文艺复兴戏剧运动的另一位主将格雷戈里夫人，其创作的《月亮上升》在 19 世纪20—30 年代的译本、选本和改写本等竟然有十几部之多，这无疑说明当时国内对这一类戏剧的兴趣之浓和需求之多。这些戏剧的翻译，无疑在中国现代戏剧的形成过程中发挥了重要影响。不过，花开两朵各表一枝，在中国现代并不仅仅有异域戏剧的输入，中国传统戏剧的输出也不容忽视。余上沅、梁实秋等在美国留学期间，就排演过以中国传统布景和服饰演出的《杨贵妃》。这一点与中国现代文学文化的发展相近。一方面，以胡适为代表的一批留学人士大力译介欧美文学作品，并最终发展为轰轰烈烈的"新文化运动"。另一方面，同样毕业于清华学校，同样留学美国，以吴宓为代表的一批留学人士则认为一方面固然要引介欧美的作品，但同时传统文字和文化亦不能一下子被全部推翻，而应实行渐进的改革，最终亦发展为颇有影响的"学衡派"。自百年后的今天回看，新文化运动自然成为历史的主流，引领风尚而至今日，而"学衡派"被视为顽固与保守从而隐入历史的尘烟。不过，"学衡派"自有其贡献，其与新文化运动之间形成一种不可多得的"张力"，正是这一"张力"推动着历史向前发展。

从某个角度来看，"张力"毋宁就是戏剧中的"冲突"。中外古今的戏剧无论情节多么不同，如果没有"冲突"，戏剧本身就难以吸引观众。如果俄狄浦斯就是平平静静地过完其从王子到国王的一生，那就很难有那部影响深远的《俄狄浦斯王》。如果窦娥不冤，如果陈世美没有背叛秦香莲，如果苏三不用起解，那中国传统的戏曲中或许就会少了很多精彩的剧目。不过，戏剧的冲突一般都有一个解决办法，解决了冲突也意味着事件的结束，这结果若是悲的，自然惹人怜悯，这结果若是喜的，自然皆大欢喜。人们常说欧美自古至今多悲剧，这悲剧又多因背叛、杀戮或阴谋而生。而中国传统文化中意团圆结局，虽亦有悲情，然大都主张以和为贵，和睦、和谐是中国文化对世界文化的一大贡献，弥足珍贵，历久弥新。因此，本书虽主论英语名剧名译的赏析，但我们在"思考与阅读"的环节加入了比较的视野，因为我们认为：研究翻译其最终目的还是在于文化的交流和沟通。

由于学力所限，本书的编著者只对英语戏剧的翻译稍有涉猎，因此书中所论皆为英语戏剧。稍值一提的是，以前论到英语戏剧大多指称英美戏剧，此次我们加入了几部爱尔兰戏剧；而以前的英语文学中即便是论到爱尔兰戏剧，也大多指萧伯纳和王尔德，但实际上真正被爱尔兰人认可的当数叶芝、格雷戈里夫人和辛格，他们虽然写作时使用英语，但作品中的核心和精髓却明显是爱尔兰的。

本书由欧光安和杜莹主笔，欧光安撰写第二、第四、第五、第六、第八章以及前言和后记，杜莹撰写第七、第九和第十章。此外，张娟撰写第一章，李蓉撰写第三章。不足之处，尚祈方家指正！

目／录

第一章　莎士比亚《威尼斯商人》

（朱生豪译）

How far that little candle throws his beams!

So shines a good deed in a naughty world.

—— *The Merchant of Venice*

一支小小的蜡烛，它的光照耀得多么远！一件善事也正像这支蜡烛一样，在这罪恶的世界上发出广大的光辉。

——《威尼斯商人》

The Merchant of Venice
—— William Shakespeare

Act I　Scene two

PORTIA　If I live to be as old as Sibylla, I will die as chaste as Diana, unless I be obtain'd by the master of my father's will ...

NERISSA　Do you not remember, lady, in your father's time, a Venetian, a scholar and a soldier, that came hither in company of the Marquis of Montferrat?

PORTIA　Yes, yes, it was Bassanio — as I think, so was he call'd.

NERISSA　True, madam; he, of all the men that ever my foolish eyes look'd upon, was the best deserving a fair lady.

PORTIA　I remember him well, and I remember him worthy of thy praise.

[*Enter a servant.*]

How now, what news?

SERVANT　The four strangers seek for you, madam, to take their leave; and there is a forerunner come from a fift, the Prince of Morocco, who brings word the prince his master will be here tonight.

PORTIA　If I could bid the fift welcome with so good heart as I can bid the other four farewell, I should be glad of his approach. If he have the condition of a saint, and the complexion of a devil, I had rather he should shrive me than wive me.

Come , Nerissa, Sirrah, go before.

Whiles we shut the gate upon one wooer, another knocks at the door.

Act III　Scene 2

PORTIA　Away then! I am lock'd in one of them;

If you do love me, you will find me out.

Nerissa and the rest, stand all aloof.

Let music sound while he doth make his choice;

......

[*A song,whilst Bassanio comments on the caskets to himself.*]

> Tell me where is fancy bred,
>
> Or in the heart or in the head?
>
> How begot, how nourished?
>
> **All**. Reply, reply.
>
> It is engender'd in the eyes,
>
> With gazing fed, and fancy dies,
>
> In the cradle where it lies.
>
> Let us all ring fancy's knell.
>
> I'll begin it. Ding, dong, bell.
>
> **All**. Ding, dong, bell.

BASSANIO　So may the outward shows be least themselves —

The world is still deceive'd with ornament.

......

Therefore then, thou gaudy gold,

Hard food for Midas, I will none of thee;

Nor none of thee, thou pale and common drudge

'Tween man and man; but thou, thou meagre lead,

Which rather threaten'st than dost promise aught,

Thy paleness moves me more than eloquence,

And here choose I. Joy be the consequence!

......

BASSANIO　What find I here?[*Opening the leaden casket.*]

Fair Portia's counterfeit! What demigod

Hath come so near creation?

......

Yet look how far

The substance of my praise doth wrong this shadow

In underprizing it, so far this shadow

Doth limp behind the substance. Here's the scroll,

The continent and summary of my fortune. [*Reads.*]

> "You that choose not by the view,
>
> Chance as fair, and choose as true:
>
> Since this fortune falls to you,
>
> Be content, and seek no new.
>
> If you be well pleas'd with this,
>
> And hold your fortune for your bliss,
>
> Turn you where your lady is,
>
> And claim her with a loving kiss."

......

NERRISSA My lord and lady, it is now our time,

That have stood by and seen our wishes prosper,

To cry good joy. Good joy, my lord and lady!

......

[*Enter Lorenzo, Jessica, and Salerio.*]

BASSANIO Lorenzo and Salerio, welcome hither,

......

PORTIA So do I, my lord,

They are entirely welcome.

LORENZO I thank your honour. For my part, my lord,

My purpose was not to have seen you here,

But meeting with Salerio by the way,

He did entreat me, past all saying nay,

To come with him along.

SALERIO   I did, my lord,

And I have reason for it. Signior Antonio

Commends him to you. [*Gives Bassanio a letter.*]

......

BASSANIO   [*Reads.*] " Sweet Bassanio, my ships have all miscarried, my creditors grow cruel, my estate is very low, my bond to the Jew is forfeit; and since in paying it, it is impossible I should live, all debts are clear'd between you and I, if I might but see you at my death. Not withstanding, use your pleasure; if your love do not persuade you to come, let not my letter. "

PORTIA   O love! dispatch all business and be gone.

BASSANIO   Since I have your good leave to go away,

I will make haste: but till I come again,

No bed shall e'er be guilty of my stay.

Nor rest be interposer 'twixt us twain. [*Exeunt.*]

Act IV   Scene I

......

BASSANIO   Antonio, I am married to a wife

Which is as dear to me as life itself,

But life itself, my wife, and all the world,

Are not with me esteem'd above thy life.

I would lose all, ay, sacrifice them all

Here to this devil, to deliver you.

PORTIA　　Your wife would give you little thanks for that

If she were by, to hear you make the offer.

GRATIANO　　I have a wife whom I protest I love；

I would she were in heaven, so she could

Entreat some power to change this currish Jew.

NERISSA　　'Tis well you offer it behind her back,

The wish would make else an unquiet house.

SHYLOCK　　[*Aside.*] These be the Christian husbands.

I have a daughter —

Would any of the stock of Barrabas

Had been her husband rather than a Christian!

—We trifle time. I pray thee pursue sentence.

PORTIA　　A pound of that same merchant's flesh is thine, The court awards it,

and the law doth give it.

SHYLOCK　　Most rightful judge!

《威尼斯商人》

朱生豪　译

第一幕，第二场

鲍细霞　　要是没有人愿意照我父亲的遗命把我娶去，那么即使我活到一千岁，也只好终身不字。我很高兴这一群求婚者都是这么懂事，因为他们中间没有一个人我不是唯望其速去的；求上帝赐给他们一路顺风吧！

聂莉莎　　小姐，您还记不记得，当老太爷在世的时候，有一个跟着蒙脱佛拉侯爵到这儿来的才兼文武的威尼斯人？

鲍细霞　是的，是的，那是巴散尼奥；我想这是他的名字。

聂莉莎　正是，小姐；照我这双痴人的眼睛看起来，他是一切男子中间最值得匹配一位佳人的。

鲍细霞　我很记得他，他果然值得你夸奖。

（一仆人上）

鲍细霞　啊！什么事？

仆人　小姐，那四位客人要来向您道别；另外还有第五位客人，摩洛哥亲王，差了一个人先来报信，说他的主人亲王殿下今天晚上就要到这儿来了。

鲍细霞　要是我能够竭诚欢迎这第五位客人，就像我竭诚欢送那四位客人一样，那就好了。假如他有圣人般的德性，偏偏生着一副魔鬼样的面貌，那么与其让他做我的丈夫，还不如让他听我的忏悔。来，聂莉莎。

正是垂翅狂蜂方出户，寻芳浪蝶又登门。

第三幕　第二场

鲍细霞　那么去吧！在那三个匣子中间，有一个里面锁着我的小像；您要是真的爱我，您会把我找出来的。聂莉莎，你跟其余的人都站开些。在他选择的时候，把音乐奏起来……

（巴散尼奥独白时，乐队奏乐唱歌。）

告诉我爱情生长在何方？

还是在脑海？还是在心房？

它是怎样发生？它怎样成长？

回答我，回答我。

爱情的火在眼睛里点亮，

凝视是爱情生活的滋养，

它的摇篮便是它的坟堂。

让我们把爱的丧钟鸣响，

玎珰！玎珰！

（众和。）玎珰！玎珰！

巴散尼奥 外观往往和事物的本身完全不符，世人却容易为表面的装饰所欺骗……所以，你炫目的黄金，米达斯王的坚硬的食物，我不要你；你惨白的银子，在人们手里来来去去的下贱的奴才，我也不要你；可是你，寒碜的铅，你的形状只能使人退走，一点没有吸引人的力量，然而你的质朴却比巧妙的言辞更能打动我的心，我就选了你吧，但愿结果美满！

……

巴散尼奥 这里面是什么？（开铅匣。）美丽的鲍细霞的副本！这是谁的化工之笔，描画出这样一位绝世的美人？……可是瞧，我用尽一切赞美的字句，还不能充分形容出这一个画中幻影的美妙；然而这幻影跟它的实体比较起来，又是多么望尘莫及！这儿是一纸手卷，宣判着我的命运。

"你选择不凭着外表，

果然给你直中鹄心！

胜利既已入你怀抱，

你莫再往别处追寻。

这结果倘使你满意，

就请接受你的幸运，

赶快回转你的身体，

给你的爱深深一吻。"

……

聂莉莎 姑爷，小姐，我们站在旁边，眼看我们的愿望成为事实，现在该让我们来道喜了。恭喜姑爷！恭喜小姐！

……

（罗伦佐，吉雪加及萨兰里奥上。）

巴散尼奥 罗伦佐，萨兰里奥……欢迎你们的到来……

鲍细霞　我也是竭诚欢迎他们。

罗伦佐　谢谢。巴散尼奥大爷，我本来并没有想到要到这儿来看您，因为在路上碰见萨兰里奥，给他不由分说地硬拉着一块儿来啦。

萨兰里奥　是我拉他来，大爷，我是有理由的。安东尼奥先生叫我替他向您致意。（给巴散尼奥一封信。）

……

巴散尼奥　"巴散尼奥挚友如握：弟船只悉数遇难，债主煎迫，家业荡然。犹太人之约，业已愆期；履行罚则，殆无生望。足下前此欠弟债项，一切勾销，惟盼及弟未死之前，来相临视。若足下燕婉情浓，不忍遽别，则亦不复相强，此信置之可也。"

鲍细霞　啊，亲爱的，快把一切事情办好，立刻就去吧！

巴散尼奥　既然蒙您允许，我就赶快收拾动身；可是——
此去经宵应少睡，长留魂魄系相思。（同下。）

第四幕，第一场

……

巴散尼奥　安东尼奥，我爱我的妻子，就像爱我自己的生命一样；可是我的生命，我的妻子，以及整个世界，在我的眼中都不比你的生命更为贵重；我愿意丧失一切，把它们献给这恶魔做牺牲，来救出你的生命。

鲍细霞　尊夫人要是就在这儿听见您说这样的话，恐怕不见得会感谢您吧。

葛莱西安诺　我有一个妻子，我可以发誓我是爱她的；可是我希望她马上归天，好去求告上帝改变这恶狗一样的犹太人的心。

聂莉莎　幸亏尊驾在她的背后说这样的话，否则府上一定要吵得鸡犬不宁了。

夏洛克　这些便是相信基督教的丈夫！我有一个女儿，我宁愿她嫁给强盗的子孙，不愿她嫁给一个基督徒！别再浪费光阴了；请快些宣判吧。

鲍细霞 那商人身上的一磅肉是你的；法庭判给你，法律许可你。

夏洛克 公平正直的法官。

原作赏析

　　威廉·莎士比亚（1564—1616），英国著名戏剧家和诗人，1564 年出生于英国中部沃里克郡埃文河畔斯特拉特福镇。莎士比亚的父亲是羊毛商，还曾任过当地市议员，但是后期他的经济状况一直不振，他本人也逐渐远离公共生活。莎士比亚早期家庭经济条件较好，在当地文法学校学习期间积累了一定的阅读量。十几岁时因家庭经济原因，莎士比亚辍学。他经常观看巡回话剧团的演出，形成了对戏剧的爱好。他的工作经历丰富，据说他曾在乡间任教，当过家庭教师、海员，也当过兵，还在律师事务所供过职。这期间的经历让他接触了社会各阶层的人，熟悉了社会生活。莎士比亚一生的大部分时间是在伦敦度过的。23 岁左右，已婚的莎士比亚离开家乡去伦敦谋生。据考证，他先是在剧院门口为看戏的绅士看管马匹，接着在剧院打杂，为演员提词，还演过配角。渐渐地他接触到了剧院更多的业务，从演员慢慢走向编剧。莎士比亚一直受雇于同一个公司，每年为公司写作一到两个剧本，后来他成为公司的股东。

　　从 1590 年起至 1613 年，他一共创作了 37 部戏剧和 154 首十四行诗，戏剧类型包括喜剧、编年史剧、悲剧、传奇剧等。他的创作生涯可以分为三个阶段：1590—1600 年为第一阶段，主要创作的是历史剧和喜剧，这一时期莎士比亚一共写了 22 部剧，最广为人知的历史剧如《理查德三世》（1592）、《亨利五世》（1598）和《凯撒大帝》（1599）；喜剧包括《仲夏夜之梦》（1595）、《无事生非》（1598）、《皆大欢喜》（1599）和《第十二夜》（1600）；其中还有一部问题剧《威尼斯商人》（1596）和一部悲剧《罗密欧与朱丽叶》（1594）；1601—1608 年是第二阶段，主要创作作品为悲剧，如《哈姆雷特》（1601）、《奥赛罗》（1604）、《麦克白》（1605）和《李尔王》（1605）；1609—1612 年是第三个阶段，最为知名的两部剧为

《冬天的故事》（1610）和《暴风雨》（1612）。莎士比亚的戏剧塑造了从皇室贵族到平民百姓各式各样的人物形象，描绘了文艺复兴时期新兴资产阶级逐步取代封建贵族的统治地位的历史进程和社会背景，反映了他的人文主义精神与和谐理想。同时，莎士比亚也创作了大量的十四行诗，在全世界广为流传。

《威尼斯商人》是莎士比亚第一创作时期的问题剧，也有学者将其划分为喜剧。《威尼斯商人》有三条情节线，第一条是基督教徒，威尼斯商人安东尼奥和靠放高利贷赚钱的犹太富商夏洛克之间的冲突；第二条是安东尼奥朋友巴散尼奥追求富商嗣女鲍细霞的经过；第三条是罗伦佐同夏洛克女儿吉雪加恋爱的插曲。前两条主线通过法庭审判联系在一起，中间穿插第三条故事线。三个故事都表现出了矛盾冲突的关系：安东尼奥对朋友的乐善好施与夏洛克的睚眦必报、残暴贪婪形象的对立关系；鲍细霞对自己婚姻受钳制的反抗；夏洛克与女儿对立的关系。通过对这些矛盾冲突的刻画和对社会现象的描写，莎士比亚不仅揭露了夏洛克这个狠心的犹太商人的精明、势利的一面，同时又借夏洛克之口讽刺了披着人道主义外衣的虚伪的公爵。全剧情节设计巧妙，故事性极强。同时，《威尼斯商人》之所以是一部传世之作，还因为其个性鲜明的人物语言设计和巧妙传神的修辞手法，剧中包含了大量的来自古希腊罗马神话的典故和充满机智的话语，幽默中引人思考，讽刺中体现深刻。

🔍 译文赏析

本章选取的《威尼斯商人》译文来自朱生豪翻译的《莎士比亚全集》。朱生豪（1912—1944），浙江嘉兴人，著名的莎士比亚戏剧翻译家、诗人。朱生豪于1912年2月2日出生在嘉兴一个没落的小商人家庭，自幼父母双亡，生活贫苦，但聪颖异常，受家人资助，得以继续完成学业，并且学习成绩优异。高中毕业后，他被保送到美国教会办的杭州之江大学，主修中国文学，兼修英文。在此期间，朱生豪的中英文修养得到很大的提高，对诗歌和戏剧的热爱也愈来愈深挚。他不仅陶醉于中国古代诗词之中，尤其是陶渊明和李白的诗歌；同时还阅读了大量的外国诗歌，其中拜伦和雪莱的诗歌最得他的青睐。受两位英国诗人的启发，他也创作了不少爱国诗歌。朱生豪在之江大学学习期间，他有幸得到一代词宗夏承焘的精心指点，他博览群书，遨游在知识的海洋里，被誉为"之江才子"。夏承焘是现代词学的开拓者和奠基人，主要著作有《唐宋词人年谱》《唐宋词论丛》等，"夏承焘先生当时亦对朱生豪的才华和文学修养作了很高的评价，他在《天风阁学词日记》中写道：'阅朱生豪唐诗人短论七则，多前人未发之论，爽利无比。聪明才力，在余诗友之间，不当以学生视之。其人今年才二十岁，渊默如处子，轻易不肯发一言。闻英文甚深。之江办学数十年，恐无此未易才也'"①。大学毕业后，朱生豪进入世界书局工作。1935 年，在同事詹文浒先生的鼓舞下，朱生豪与世界书局签订了译莎合同，决心翻译莎士比亚全集，从此开始了长达 10 年的莎剧翻译历程。在此期间还有一个插曲，据朱生豪胞弟回忆，"他开始在世界书局以业余力量从事译莎（1935 年春）时，我还在大二。那些年月里，日本帝国主义欺侮中国人民气焰嚣张，而恰好讥笑中国文化落后到连莎氏全集都没有的又正是日本人，因而我认为他决心译莎，除了个人兴趣等其他原因外，在日本帝国主义肆意欺凌中国的压力之下为中华民族争一口气，大概也是主要动力"②。1935 年起，朱生豪开始做莎士比亚戏剧翻译的准备工作，收集莎剧的各种版本、诸家注释以及莎学的资料加以比较和研究。1936 年 8 月，朱生豪的第一部译作《暴风雨》面世。此后陆续译出《仲夏夜之梦》《威尼斯商人》《第十二夜》等 9 部戏剧。1937 年，日寇入侵，朱生豪的译稿毁于战乱中，但他并未气馁，重新翻译。1943 年，为躲避战乱，朱生豪携家人定居嘉兴，继续他的译莎事业。他手头资料有限，仅有莎剧全集和两本词典，生活上也贫困交加，即便如此，朱生豪克服了难以想象的

① 吴洁敏，朱宏达：《朱生豪传》，上海：上海外语教育出版社，1989 年，第 50 页。

② 吴洁敏，朱宏达：《朱生豪传》，上海：上海外语教育出版社，1989 年，第 288 页。

困难，以惊人的毅力，总共翻译了莎剧 31 部半，"替中国近百年文化事业完成了一项艰巨的工程"①。1944 年，朱生豪身体每况愈下，在这种情况下，他仍旧坚持完成每日的翻译工作，11 月底，病情加重，12 月初，仅 32 岁的朱生豪与世长辞。1947 年，上海世界书局出版朱生豪译《莎士比亚戏剧全集》27 种，这是我国第一次出版莎剧全集。

朱生豪与莎剧的缘分也与他对莎剧的高度评价密切相关，在《莎士比亚戏剧全集》自序中，他说道：

> 于世界文学史中，足以笼罩一世，凌越千古，卓然为诗坛之宗匠，诗人之冠冕者，其唯希腊之荷马，意大利之但丁，英之莎士比亚，德之歌德乎。此四子者，各于其不同之时代及环境中，发为不朽之歌声。然荷马诗中之英雄，既与吾人之现实生活相去过远，但丁之天堂地狱，复与近代思想诸多抵牾；歌德去吾人较近，彼实为近代精神之卓越的代表。然以超脱时空限制一点而论，则莎士比亚之成就，实远在三子之上。盖莎翁笔下之人物，虽多为古代之贵族阶级，然彼所发掘者，实为古今中外贵贱贫富人人所同具之人性。故虽经三百余年以后，不仅其书为全世界文学之士所耽读，其剧本且在各国舞台与银幕上历久搬演而弗衰，盖由其作品中具有永久性与普遍性，故能深入人心如此耳。②

朱生豪对莎剧的历史地位的评价和与其他西方文学作品的比较体现出了他首先作为一个莎剧研究者的真知灼见，这才使得他对莎剧的理解更深刻，更接近原文的气质。朱生豪虽然完成了莎剧的大部头的翻译，但因他

---

① 朱宏达，吴洁敏：《朱生豪莎士比亚戏剧的译介思想和成就》，《嘉兴学院学报》，2005 年第 9 期。

② 朱生豪：《〈莎士比亚戏剧全集〉译者自序》，见《朱生豪传》（附录二），上海：上海外语教育出版社，1990 年，263 页。

的工作重心在翻译工作上，而非对翻译理论的总结，因而我们了解他的翻译思想主要是通过他的自序，如果用一个词总结，那就是"神韵"二字，罗新璋在访谈录中提到朱生豪的"神韵"可以说是傅雷"神似"的前奏，主要讲的是"不拘泥于原文的字句"[1]。朱生豪在自序中也提到："中国读者闻莎翁大名已久，文坛知名之士，亦尝将其作品，译出多种，然历观坊间各译本，失之于粗疏草率者尚少，失之于拘泥生硬者实繁有徒。拘泥字句之结果，不仅原作神味，荡焉无存，甚且艰深晦涩，有若天书，令人不能卒读，此则译者之过，莎翁不能任其咎者也。"[2] 从这句话可以看出朱生豪在翻译中并不拘泥于译本与原文本的对应关系，而是从"意"上进行转换，以期传达出原文的神韵。下面就以《威尼斯商人》为例，探析朱生豪先生的翻译理念。

在第一幕中第二场结尾，鲍细霞和侍女抱怨自己的命运要受控于父亲的遗愿：

PORTIA　If I live to be as old as Sibylla, I will die as chaste as Diana, unless I be obtain'd by the master of my father's will. [3]

朱生豪译文：

鲍细霞　要是没有人愿意照我父亲的遗命把我娶去，那么即使我活到一千岁，也只好终身不字。[4]

---

① 张泪：《朱生豪"神韵说"：中国翻译思想史中的遗珠——罗新璋先生访谈录》，《山东外语教学》，2020 年第 6 期。

② 朱生豪：《〈莎士比亚戏剧全集〉译者自序》，载《朱生豪传》（附录二），上海：上海外语教育出版社，1990 年，第 263 页。

③ 阮坤：《威尼斯商人 英汉对照、英汉详注》，武汉：湖北教育出版社，2011 年，第 22 页。本章所选莎士比亚《威尼斯商人》原文均出自此书。

④ 莎士比亚著，朱生豪译，朱尚刚审定：《威尼斯商人》，北京：中国青年出版社，2013 年，第 17—18 页。本章所选《威尼斯商人》译文均出自此书。

　　这句话里涉及两个富含文化意义的典故，Sibylla 是古罗马奥维德《变形记》中一个能预见未来的女巫，太阳神阿波罗满足该女巫一个愿望，让她生命的年数跟她手里的沙粒一样多，于是 Sibylla 也以长寿著称。而 Diana 是罗马神话中的月亮女神，是处女身，所以其名字常用来指代"贞洁处女"。朱生豪在译文中并没有将这两个名字直接译出，而是将其代表的语意译出，将 Sibylla 翻译成"一千岁"，使得译文更加通畅易懂。

　　节选中第四幕第一场也可以看出朱生豪在把握原文意义上游刃有余。

SHYLOCK 〔*Aside.*〕These be the Christian husbands.

I have a daughter —

Would any of the stock of Barrabas

Had been her husband rather than a Christian!

朱生豪译文：

夏洛克　这些便是相信基督教的丈夫！我有一个女儿，我宁愿她嫁给强盗的子孙，不愿她嫁给一个基督徒！别再浪费光阴了；请快些宣判吧。

　　节选中 Barrabas 一词是古时一个强盗的名字（典故出自《圣经》新约），由于文化差异，中国读者对这个名字还是比较陌生的，因此，朱生豪回避了这个名字，并未直接译出，而是用的这个名字的表意功能，将典故译为"强盗的子孙"。这样既让读者明白了夏洛克对基督徒的嘲讽，又使得阅读变得流畅。

　　朱生豪对莎剧评价极高，认为其远在其他作品之上，这个认识也影响了朱生豪在翻译作品时的态度，在对待莎翁作品时，他多采用较正式、典雅的词语，以再现原文的风貌。下面通过两种不同的译文，对其进行分析：

BASSANIO   Antonio, I am married to a wife

Which is as dear to me as life itself,

But life itself, my wife, and all the world,

Are not with me esteem'd above thy life.

I would lose all, ay, sacrifice them all

Here to this devil, to deliver you.

朱生豪译文：

巴散尼奥   安东尼奥，我爱我的妻子，就像爱我自己的生命一样；可是我的生命，我的妻子，以及整个世界，在我的眼中都不比你的生命更为贵重；我愿意丧失一切，把它们献给这恶魔做牺牲，来救出你的生命。［朱译］

巴珊尼   安东尼，我新娶了媳妇儿，我爱她。

就像自个儿的生命；可是生命也好。

媳妇儿也好，就算是整个世界，

在我的眼中，都比不上你的生命

我情愿丢了这一切，呃，牺牲了他们。

全拿去献给这个恶魔，来救你。①［方平译］

通过比较可以看出，两种译文语言风格大不相同，在"wife"一词的翻译上，朱生豪的用语比较含蓄、正式，将其翻译为"妻子"，并且注重内在的节奏和神韵，如"的"的表述，让两句话有了内在的节奏，如"我

---

① 莎士比亚著，方平译：《莎士比亚喜剧5种》，上海：译文出版社，2011年，第99页。

的妻子""我自己的生命"等；而方平的译法偏口语化，将"wife"译为"媳妇儿"，还带有"儿"化音，有很重的中国北方特色。通过比较两种不同的译法，可以看出朱生豪在语言表达上，更倾向于使用较为正式的词语。

此外，两位译者的译文还与其翻译思想有密切关系。《威尼斯商人》剧本包含散文和诗歌，是以无韵诗（blank verse）为基本形式的诗剧。剧中散文与无韵诗交叉使用，偶尔还会出现其他诗体和短歌。无韵诗是一种比较特别的英语格律诗，每行采用抑扬五音步的音步类型，不押韵。汉语中几乎没有与之对应的体裁。朱译并未固守原作的形式按诗歌断行进行翻译，而是进行了灵活的变通，将口语体散文与白话诗体进行综合，正如罗新璋先生说："朱生豪译文不是诗而是散文的形式；虽然是不分行的散文，读起来却很有诗的味道。"[1]这也是朱译的一大特点，正如他在《莎士比亚全集》的《译者自序》中表示，他翻译时所持的宗旨就是最大限度地保留原文的神韵。相比较之下，方平的翻译更紧贴原文的形式，他的处理方式是"以诗译诗"，尽量在体裁上接近原作，这也是方平译本的一大特点。

从朱生豪的翻译以及同时代其他译者的作品中都可以看到白话文和文言文杂糅的情况，这与当时的时代背景有关。20 世纪 20 年代之前，中国文学领域是以文言文为主，白话文处于边缘状态，随着新文化运动的发展，文言文与白话文的地位慢慢发生了变化。1917 年，胡适发表了倡导文学革命的第一篇文章《文学改良刍议》，提倡大量使用白话文写作，在此背景下，莎剧的译介也开始了白话文和文言文的较量。朱译《威尼斯商人》在 1936 年，这个时候白话文已经被大多数人采用，朱译版本中也可以看出白话文占比较大，但是在处理诗歌和个别段落时，朱生豪和其同时代的译者会采用文言文方式以区别于其他段落。如《威尼斯商人》第一幕的结语部分：

---

① 张汩：《朱生豪"神韵说"：中国翻译思想史中的遗珠——罗新璋先生访谈录》，《山东外语教学》，2020 年第 6 期。

While we shut the gate upon one wooer, another knocks at the door.

朱生豪译文：

垂翅狂蜂方出户，寻芳浪蝶又登门。

这里，朱译将鲍细霞的追求者们比作黄蜂和蝴蝶。"狂蜂"中的"狂"和"浪蝶"中的"浪"形象地描绘出了追求者的状态。而"垂翅"和"寻芳"又暗示这些骄傲的追求者碰壁的情形。朱生豪的这一译法是较适合中国读者的，传统中国话本经常是以诗句开始或是结尾，而这种对仗关系也反映出译者对两种语言的驾驭能力非常高超，正如朱生豪妻子说："实际他特长的诗歌，无论新旧体，都是相当成功的。尤其是抒情诗，可以置之世界名著中而无逊色。"[①] 但是由于朱生豪将精力全部放在了翻译莎剧上，自己的诗作便放置一边了。罗新璋在评价朱生豪的语言功底时说："朱生豪本身文字功底非常好，因此能够在不拘泥于原文字词的情况下，在译文中保留原作的风采和韵味。"[②]

朱译中四字结构的翻译也可以说明朱生豪对语言表达的驾轻就熟。四字结构是汉语言文学中的经典，从楚辞时期的诗经到秦汉的文章，以及唐诗宋词元曲到明清时期的白话文小说，四字结构都随处可见。朱译中可以看到很多这样的例子，如对信件的翻译，为了突出信件的问题，显得更加正式，朱译将《威尼斯商人》中的两处信件都译为四字结构，先选第四幕第一场的信件为例：

---

① 吴洁敏，朱宏达：《朱生豪传》，上海：上海外语教育出版社，1990年，第281页。
② 张汨：《朱生豪"神韵说"：中国翻译思想史中的遗珠——罗新璋先生访谈录》，《山东外语教学》，2020年第6期。

BASSANIO 　［*Reads.*］" Sweet Bassanio, my ships have all miscarried, my creditors grow cruel, my estate is very low, my bond to the Jew is forfeit; and since in paying it, it is impossible I should live, all debts are clear'd between you and I, if I might but see you at my death. Not withstanding, use your pleasure; if your love do not persuade you to come, let not my letter."

朱生豪译文：

巴散尼奥 　"巴散尼奥挚友如握：弟船只悉数遇难，债主煎迫，家业荡然。犹太人之约，业已愆期；履行罚则，殆无生望。足下前此欠弟债项，一切勾销，惟盼及弟未死之前，来相临视。若足下燕婉情浓，不忍遽别，则亦不复相强，此信置之可也。"

这封由安东尼奥写给巴散尼奥的信虽是陈述，但有内在韵律，"my ships""my estate""my bond"排比句式，都突出了信的正式的特点，而朱译为四字结构，"悉数遇难""家业荡然"等对应了书信的书面语特点，通过文言文体进行翻译，与口语进行区别，更能突出书信庄重的特点。

莎剧中也穿插着各种歌谣，富有音乐美。如《威尼斯商人》原文中巴散尼奥在金、银、铅三个匣子中做选择时，乐队奏乐的歌谣：

Tell me where is fancy bred,

Or in the heart or in the head?

How begot, how nourished?

All. Reply, reply.

It is engend' red in the eyes,

> With gazing fed, and fancy dies
> In the cradle where it lies.
> Let us all ring fancy's knell.
> I'll begin it. Ding, dong, bell.
> **All**. Ding, dong, bell.

朱生豪译文:

> 告诉我爱情生长在何方?
> 还是在脑海? 还是在心房?
> 它是怎样发生? 它怎样成长?
> 回答我, 回答我。
> 爱情的火在眼睛里点亮,
> 凝视是爱情生活的滋养,
> 它的摇篮便是它的坟堂。
> 让我们把爱的丧钟鸣响,
> 玎珰! 玎珰!
> (众和。) 玎珰! 玎珰!

　　这首歌谣从音步到音韵都很有特色,原文中押韵方式为 aaa, bbb, ccc, 分别有三组押韵: "bred" "head" 和 "nourished", "eyes" "dies" 和 "lies", 还有 "knell" "bell" 和 "bell"。译文中尽量对应原文的节奏, 形成韵律, 通过重复 "还是在" 形成诗行内韵律, 通过韵母 "ang" 押尾韵, 有 "方、房、长、亮、养、堂、响、珰", 读起来朗朗上口, 富有诗歌特点。

　　通过以上分析可以看出, 朱生豪在翻译时能够游刃有余地处理可对应和不可对应的词和句, 这与他的古典文学功底和英文能力紧密相关。在翻译一些典故和诗句时，他对语言表达的驾驭能力让读者叹为观止，他对文学著作非常了解并能找到对应的译法使得他的译本能长盛不衰。

🔍 思考与阅读

莎剧的翻译从 20 世纪开始到目前已有百年历史了，在这一百年中，不断有新的译者参与到莎剧翻译当中来，但最经得起时间的考验的仍旧是朱生豪在自己正值当年译出的《莎士比亚全集》，虽然有修订本，但是主要部分仍是以朱译为主。正是它的可读性和文学性，以至于许渊冲在评价朱生豪译《罗密欧与朱丽叶》最后两句——"古往今来多少离合悲欢，谁曾见这样的哀怨辛酸！"时说朱译莎是"名译"，在将这两行和曹禺的直译——"人间的故事，不能比这个更惨，像幽丽叶和他的柔密欧所受的灾难"做比较时，他说：

> 比较以上翻译文，就可以看出朱译的艺术手法。他把"人间"拆译为"古往今来"；把"故事"，具体化为"离合悲欢"；又把"悲惨"拆译为"哀怨辛酸"。如果要用数学公式来表达这样的翻译法，那大致是："4=1+1+1+1"。另一方面又把不言自明的"幽丽叶和他的柔密欧"删掉了。这种减词不减意的译法，也可以用数学公式来表示："4-2=4"；由此可见，朱翻译能够曲折达意、婉转传情、用词高雅。可以说是一种再创作的译法。①

许渊冲老师对朱译的高度评价不仅让我们思考什么是高质量的译文，同时，我们也要思考，中国译者的"神韵说""化境说"等翻译思想有哪些特点？与西方的翻译理论有哪些不同之处？毫无疑问，朱译莎剧在中外

---

① 朱宏达、吴洁敏：《朱生豪莎士比亚戏剧的译介思想和成就》，《嘉兴学院学报》，2005 年第 9 期。

文化交流传播中起着重要的作用，如何在翻译中传承国内译者的翻译特色也是值得我们思考的地方。

以下是我们推荐的一些基础读物。

（1）罗新璋：《翻译论集》，北京：商务印书馆，2009 年。

（2）阮坤：《威尼斯商人 英汉对照、英汉详注》，武汉：湖北教育出版社，2011 年。

（3）莎士比亚：《莎士比亚全集》增订本，南京：译林出版社，2016 年。

（4）吴洁敏，朱宏达：《朱生豪传》，上海：上海外语教育出版社，1990 年。

（5）朱安博：《朱生豪的文学翻译研究》，北京：国防工业出版社，2014 年。

第二章　王尔德《不可儿戏》

（余光中译）

The truth is rarely pure and never simple.

Modern life would be very tedious if it were either,

and modern literature a complete impossibility!

—— *The Importance of being Ernest*

真相难得干脆，绝不简单。

真相要是干脆或者简单，现代生活就太无聊了，

也绝对不会有现代文学！

——《不可儿戏》

The Importance of being Ernest
—— Oscar Wilde

SCENE *Morning-room in Algernon's flat in Half-Moon Street. The room is luxuriously and artistically furnished. The sound of a piano is heard in the adjoining room.*

[*Lane is arranging afternoon tea on the table, and after the music has ceased, Algernon enters.*]

ALGERNON Did you hear what I was playing, Lane?

LANE I didn't think it polite to listen, sir.

ALGERNON I'm sorry for that, for your sake. I don't play accurately—anyone can play accurately — but I play with wonderful expression. As far as the piano is concerned, sentiment is my forte. I keep science for life.

LANE Yes, sir.

ALGERNON And, speaking of the science of Life, have you got the cucumber sandwiches cut for Lady Bracknell?

LANE Yes, sir. [*Hands them on a salver.*]

ALGERNON [*Inspects them, takes two, and sits down on the sofa.*] Oh! ... by the way, Lane, I see from your book that on Thursday night, when Lord Shoreman and Mr. Worthing were dining with me, eight bottles of champagne are entered as having been consumed.

LANE Yes, sir; eight bottles and a pint.

ALGERNON Why is it that at a bachelor's establishment the servants invariably drink the champagne? I ask merely for information.

LANE I attribute it to the superior quality of the wine, sir. I have often observed that in married households the champagne is rarely of a first-rate brand.

ALGERNON Good Heavens! Is marriage so demoralizing as that?

LANE　I believe it *is* a very pleasant state, sir. I have had very little experience of it myself up to the present. I have only been married once. That was in consequence of a misunderstanding between myself and a young person.

......

JACK　My dear Algy, I don't know whether you will be able to understand my real motives. You are hardly serious enough. When one is placed in the position of guardian, one has to adopt a very high moral tone on all subjects. It's one's duty to do so. And as a high moral tone can hardly be said to conduce very much to either one's health or one's happiness, in order to get up to town I have always pretended to have a younger brother of the name of Ernest, who lives in the Albany, and gets into the most dreadful scrapes. That, my dear Algy, is the whole truth pure and simple.

ALGERNON　The truth is rarely pure and never simple. Modern life would be very tedious if it were either, and modern literature a complete impossibility!

JACK　That wouldn't be at all a bad thing.

ALGERNON　Literary criticism is not your forte, my dear fellow. Don't try it. You should leave that to people who haven't been at a University. They do it so well in the daily papers. What you really are is a Bunburyist. I was quite right in saying you were a Bunburyist. You are one of the most advanced Bunburyists I know.

JACK　What on earth do you mean?

ALGERNON　You have invented a very useful younger brother called Ernest, in order that you may be able to come up to town as often as you like. I have invented an invaluable permanent invalid called Bunbury, in order that I may be able to go down into the country whenever I choose. Bunbury is perfectly invaluable. If it wasn't for Bunbury's extraordinary bad health, for instance, I wouldn't be able to dine with you at Willis's to-night, for I have been really engaged to Aunt Augusta for more than a week.

LADY BRACKNELL [*With a shiver, crossing to the sofa and sitting down.*] I do not know whether there is anything peculiarly exciting in the air of this particular part of Hertfordshire, but the number of engagements that go on seems to me considerably above the proper average that statistics have laid down for our guidance. I think some preliminary enquiry on my part would not be out of place. Mr. Worthing, is Miss Cardew at all connected with any of the larger railway stations in London? I merely desire information. Until yesterday I had no idea that there were any families or persons whose origin was a Terminus. [*Jack looks perfectly furious, but restrains himself.*]

JACK [*In a clear, cold voice.*] Miss Cardew is the grand-daughter of the late Mr. Thomas Cardew of 149 Belgrave Square, S. W.; Gervase Park, Dorking, Surrey; and the Sporran, Fifeshire, N. B.

LADY BRACKNELL That sounds not unsatisfactory. Three addresses always inspire confidence, even in tradesmen. But what proof have I of their authenticity?

JACK I have carefully preserved the Court Guides of the period. They are open to your inspection, Lady Bracknell.

LADY BRACKNELL [*Grimly.*] I have known strange errors in that publication.

JACK Miss Cardew's family solicitors are Messrs. Markby, Markby, and Markby.

LADY BRACKNELL Markby, Markby, and Markby? A firm of the very highest position in their profession. Indeed I am told that one of the Mr. Markby's is occasionally to be seen at dinner parties. So far I am satisfied.

JACK [*Very irritably.*] How extremely kind of you, Lady Bracknell! I have also in my possession, you will be pleased to hear, certificates of Miss Cardew's birth, baptism, whooping cough, registration, vaccination, confirmation, and the measles; both the German and the English variety.

JACK The Army Lists of the last forty years are here. These delightful records should have been my constant study. [*Rushes to bookcase and tears the books out.*] M. Generals... Mallam, Maxbohm, Magley, what ghastly names they have—Markby, Migsby, Mobbs, Moncrieff! Lieutenant 1840, Captain, Lieutenant-Colonel, Colonel, General 1869, Christian names, Ernest John. [*Puts book very quietly down and speaks quite calmly.*] I always told you, Gwendolen, my name was Ernest, didn't I? Well, it is Ernest after all. I mean it naturally is Ernest.

LADY BRACKNELL Yes, I remember now that the General was called Ernest. I knew I had some particular reason for disliking the name.

GWENDOLEN Ernest! My own Ernest! I felt from the first that you could have no other name!

JACK Gwendolen, it is a terrible thing for a man to find out suddenly that all his life he has been speaking nothing but the truth. Can you forgive me?

GWENDOLEN I can. For I feel that you are sure to change.

JACK My own one!

CHASUBLE [*To Miss Prism.*] Laetitia! [*Embraces her.*]

MISS PRISM [*Enthusiastically.*] Frederick! At last!

ALGERNON Cecily! [*Embraces her.*] At last!

JACK   Gwendolen! [*Embraces her.*] At last!

LADY BRACKNELL   My nephew, you seem to be displaying signs of triviality.

JACK   On the contrary, aunt Augusta, I've now realized for the first time in my life the vital importance of being Ernest.

……

《不可儿戏》
余光中　译

第一幕

布　景

半月街亚吉能寓所的起居室，布置豪华而高雅。邻室传来钢琴声。

（老林正把下午茶点端上来。钢琴声止，亚吉能上。）

亚吉能　老林，你刚才听见我弹琴没有？

老　林　先生，偷听人家弹琴，只怕没礼貌吧。

亚吉能　真为你感到可惜。我弹琴并不准确——要弹得准确，谁都会——可是我弹得表情十足。就弹琴而言，我的长处在感情。至于技巧吗，我用来对付生活。

老　林　对呀，先生。

亚吉能　对了，说到生活的技巧，巴夫人要的黄瓜三明治你为她切好了没有？

老　林　好了，先生。（递上一盘黄瓜三明治。）

亚吉能　（检查一下，取了两块，坐在沙发上。）哦！……对了，老林，我看见你的簿子上登记，上礼拜四晚上，萧大人跟华先生来我们这儿吃饭，一共喝了八瓶香槟。

老　林　是的，先生；一共八瓶，外加一品脱。

亚吉能　为什么在单身汉的寓所，佣人所喝的总是香槟呢？我只是要了解一下。

老　林　这嘛，先生，是由于香槟的品质高贵。我常发现，有太太当家，就难得喝到名牌香槟。

亚吉能　天哪，婚姻就这么令人丧气吗？

老　林　我相信婚姻是挺愉快的，先生。不过一直到现在我自己这方面的经验太少。我只结过一次婚。那是我跟一位少女发生误会的结果。

……

杰克　阿吉，我不知道你能不能了解我真正的动机。你这人没个正经。一个人身为监护人，无论谈什么都得采取十足道学的口吻。这是监护人的责任。道学气十足的口吻实在不大能促进一个人的健康或者幸福，所以为了要进城来，我一直假装有个弟弟，名叫任真，住在奥巴尼公寓，时常会惹大祸。诸如此类，阿吉，就是全部的真相，又干脆又简单。

亚吉能　真相难得干脆，绝不简单。真相要是干脆或者简单，现代生活就太无聊了，也绝对不会有现代文学！

杰克　那也绝非坏事。

亚吉能　文学批评非阁下所长，老兄。别碰文学批评吧。这件事，你应该留给没进过大学的人去搞。人家在报上搞得是有声有色。你的本分是做两面人。我说你是两面人，一点儿也没错。在我认识的两面人里面，你应该算是老前辈了。

杰克　你到底是什么意思？

亚吉能　你创造了一个妙用无穷的弟弟名叫任真，便于随时进城来。我呢创造了一个无价之宝的长期病人名叫"梁勉仁",便于随时下乡去。"梁勉仁"太名贵了。举个例吧,要不是因为"梁勉仁"的身体坏得出奇,今晚我就不能陪你去威利饭店吃饭了,因为一个多礼拜以前我其实已经答应了欧姨妈。

巴夫人　(愕然一震,一直走到沙发前坐下。)我不知道在厚福县,尤其是在这一带,是不是空气里有什么特别令人兴奋的东西,可是忙着订婚的人数,比起统计数字明文规定的正常平均数来,可超出一大截了。我看呢也不妨由我先调查一下。华先生,贾小姐和伦敦大一点儿的火车站有什么关系没有?我只想了解一下。一直到昨天,我才听说也有家庭或者个人,是把人家的终点当做自己的来历的。(杰克看来非常愤怒,却忍住了。)

杰克　(声音清晰而冷峻。)贾小姐的祖父,已故的贾汤姆先生,住在伦敦西南区贝尔格瑞夫广场一四九号;塞瑞县道京镇格尔维斯公园;苏格兰凤笛县毛皮袋庄子。

巴夫人　听起来倒也不差。就算是做生意的人家,有三个地址总是教人放心的。可是我怎么证明这些地址是真的呢?

杰克　当年的《法庭指南》我一直留心保存着的。欢迎您检查,巴夫人。

巴夫人　(严峻地。)我见过那种书,有的地方错得离谱。

杰克　贾小姐的家庭法律代表是"马克贝,马克贝,马克贝事务所"。

巴夫人　"马克贝,马克贝,马克贝"呀?在这一行是最有地位的字号了。说真的,我听说其中有一位马克贝先生偶尔也能在上流的宴会上露面。问到这里为止,我还算满意。

杰克　(很烦躁地。)您真是太客气了,巴夫人!我手头还有些证件,您听了一定高兴:贾小姐的出生啦,洗礼啦,百日咳啦,注册啦,种痘啦,坚信礼啦,还有麻疹啦,管它德国麻疹还是英国麻疹,统统都有证明。

杰克 四十年来的陆军军官名册我这儿都有。我早就应该经常翻看这些有趣的记录了。(冲向书架,急取书本。)M部,将官级……马拉姆,马克司邦,马格利,什么怪姓都有——马克贝,米克贝,莫伯司,孟克烈夫!中尉,一八四〇;上尉,中校,上校,少将,一八六九;教名,任真·约翰。(静静把书放下,十分安详地说。)关多琳,我一向告诉你我的名字叫任真,对吧?哪,果然是任真。我说,当然是任真嘛。

巴夫人 对了,现在我记起将军是叫任真。我早就知道,我不喜欢这名字,一定有什么特别的原因。

关多琳 任真啊!我的亲任真!我一开始就觉得你不会有别的名字!

杰克 关多琳,一个人突然发现,自己一辈子讲的全是真话,太可怕了。你原谅我吗?

关多琳 当然。因为我觉得你一定会变。

杰克 我才是我的关多琳!

蔡牧师 (对劳小姐。)丽蒂霞!(抱她。)

劳小姐 (兴奋地。)非德烈!终于等到了!

亚吉能 西西丽!(抱她。)终于等到了!

杰克 关多琳!(抱她。)终于等到了!

巴夫人 我的外甥啊,你好像太拘泥细节了。

杰克 正好相反,这一辈子直到现在我才发现:要做人非做认真不可。

(众人静止如画。)

📖 原作赏析

　　奥斯卡·王尔德(Oscar Wilde)于1854年出生于爱尔兰都柏林,青少年时期受其母亲影响,对文学和艺术表现出兴趣。王尔德先在都柏林三一学院修习古典学，后来入牛津大学的莫德林学院，并曾于 1878 年以一首名为《拉文纳》(Ravenna) 的诗作赢得当年的纽迪吉特奖（Newdigate Prize）[1]。年青的王尔德就已经展现出对与众不同的刻意追求，无论是着装还是语言，均是如此。例如，他热衷收集青花瓷与孔雀羽毛，蔑视体育运动，其浮夸而略显奢华的审美风格多被世人讥讽。王尔德却我行我素，宣称自己是先拉斐尔派大师佩特的弟子，并一再标榜"为艺术而艺术"（art for art's sake）。世人的讥讽反而使王尔德更加坚定自己的观念和行为，1882 年他赴美国开启了一场讲演之旅。1884 年王尔德结婚，并开始发表一系列的童话故事、戏剧等。19 世纪 90 年代王尔德与比尔兹利（Beardsley) 等艺术家往来甚殷，其艺术风格又被世人目为颓废主义。王尔德于 19 世纪 90 年代初以法语写成戏剧《莎乐美》(Salomé)，其英文译本在 1894 年出版，译者为其好友道格拉斯爵士（Lord Alfred Douglas），译本插图则由比尔兹利操刀。王尔德与道格拉斯的亲密关系，引起后者父亲的不满，除在公开场合羞辱王尔德之外，还一纸诉状将王尔德告上法庭。1895 年王尔德被判入狱，罪名是伤风败俗。在狱中，王尔德写了一封长信为自己辩解，后来此封长信的一部分以《自深深处》(De Profundis) 为名出版。两年后，王尔德出狱，并定居巴黎，他以狱中经历为素材写出《里丁监狱之歌》(The Ballad of Reading Gaol)。1900 年王尔德于巴黎去世。

王尔德早年以诗作成名，除《拉文纳》外，他于 1881 年即出版《诗集》一部。但真正给王尔德带来俗世声誉的是童话故事和戏剧。1888 年他发表《快乐王子童话故事集》(The Happy Prince and other Tales)，4 年后出版了另一部童话故事集《石榴之屋》(A House of Pomegranates)。虽然是童话故事，但王尔德在语言和情节上都显示出唯美主义的风格，著名的故事有《快乐王子》《夜莺与玫瑰》等。19 世纪 90 年代，王尔德发

---

[1] 纽迪吉特奖是由罗杰·纽迪吉特爵士于 1805 年在牛津大学创设的年度诗歌奖，其要求作品主题固定，行数不超过 300 行，由获奖者在毕业典礼仪式上朗读其诗作。历史上著名的获奖者有马修·阿诺德和约翰·拉斯金等。

表了数部语言精巧、情节却不一定经得起推敲的戏剧，除《莎乐美》外，还有《温德米尔夫人的扇子》（*Lady Windermere's Fan*，1892）、《无足轻重的女人》（*A Woman of No Importance*，1893）、《理想丈夫》（*An Ideal Husband*，1895）和《不可儿戏》（*The Importance of being Ernest*，1895）。王尔德的戏剧并不以情节见长，而是以语言取胜，他的意旨在于"语妙天下、语惊台下"，而那些"误打误撞、绝处逢生"的夸张甚至是颠覆常理的情节也就无关轻重了。[①] 王尔德还于1891年出版了短篇故事集《萨维尔爵士谋杀案故事集》（*Lord Arthur Savile's Crime，and Other Stories*），其中对幽秘和超自然的描写，可谓其生平唯一一部长篇小说《道林·格雷的画像》（*The Picture of Dorian Gray*）的预表，该小说中的情节不免让人想起作者本人的生平事迹。虽是小说，却常被评者目为"哥特式传奇剧"（Gothic Melodrama)。

《不可儿戏》被认为是王尔德戏剧的代表作。其剧情如下：花花公子约翰·华兴（John Worthing，小名杰克），是一名"孤儿"，他只记得自己是被人遗弃在维多利亚火车站的一个手提包里。他负责监护一位年轻女子西西丽·贾尔杜（Cecily Cardew)，后者则被另一名花花公子亚吉能·孟克烈夫（Algernon Moncrieff）所追求。有意思的是，亚吉能有一位表妹关多琳·费尔法克斯（Gwendolen Fairfax），后者的追求者正是约翰。两位花花公子为了享受生活并追求所爱，便各自杜撰荒唐事由：约翰说自己在伦敦城里有一位恶棍兄弟，名为"任真"（Ernest），而亚吉能则宣称自己有个长期病重的朋友名为"梁勉仁"（Bunbury）。西西丽和关多琳都想嫁给家族名为"任真"的人，自此引发无数误会，最终在机缘巧合之下，真相大白：约翰是被关多琳家的家教兼保姆无意中遗落车站的，而他正是亚吉能的亲兄弟，两人都是"任真"家族的子弟，自然有情人终成眷属。在王尔德的主要戏剧中，只有《莎乐美》是悲剧，而在剩余的几部喜

---

① 余光中：《一跤绊到逻辑外——谈王尔德的〈不可儿戏〉》，载《理想丈夫与不可儿戏——王尔德的两出喜剧》，王尔德著，余光中译，沈阳：辽宁教育出版社，1998年，第19页。

剧中，又独数《不可儿戏》最为和谐，剧中几乎没有任何令人伤感之处。从情节来看，自然经不起细致的推敲，但王尔德所追求者并非在于戏剧结构之谨严，而在于语言的犀利与对话的机妙。王尔德以嬉笑戏谑的剧情和机锋犀利的妙语，讽刺的是维多利亚时期那种表面上严苛的道德观和道貌的严肃性，这也可从其题目中的双关（Ernest—earnest）以及副标题（*A Trival Comedy for Serious People*——"正经人看的闲闹戏"）看得出来。

译文赏析

余光中祖籍福建泉州，1928 年 10 月 21 日生于江苏南京，1947 年考入金陵大学，入外文系。1949 年初转入厦门大学外文系，次年 9 月考入台湾大学外文系，入三年级。1952 年毕业后，其曾担任编译人员，与好友筹创"蓝星诗社"，并曾赴爱荷华大学进修。20 世纪 50—60 年代，余光中主要在中国台湾、菲律宾、美国密歇根等地讲学工作。1974—1985 年余光中应聘为香港中文大学教授，并一度兼任联合书院中文系主任。1985 年后余光中主要在台湾中山大学任教，并曾出任文学院院长及外文研究所所长。20 世纪 90 年代之后，余光中担任国内多所大学的讲座教授，蜚声国内外。2017 年底，余光中逝世。

与钱锺书等大师一样[①]，余光中在中英两种文字间如周伯通所谓双手互搏般应用自如。余光中大学期间主修外文，在任教的初期和中期也大多担任外文教授，但他对中文的造诣自小便种下慧根。余光中曾在讲演中称诗歌、散文、评论和翻译是自己写作的"四度空间"，事实也确实如此。余氏一生出版中文诗集 20 余部，代表作如《乡愁》等早已名扬四海，其散文集也有十余种，单篇代表作有《听听那冷雨》等，而他的评论集也有近十种，如《分水岭上》等。在一般读者眼中，余光中是著名诗人兼散文

---

① 学者胡文辉在《现代学林点将录》中，因钱锺书熟谙旧学而新文学创作亦成绩突出，因此将其拟为"双枪将董平"。（胡文辉：《现代学林点将录》，广州：广东人民出版社，2010 年，第 80 页。）如果从对中外文的精纯掌握而言，其拟名也甚为恰当。

家、评论家，而实际上其翻译，无论是质量还是数量，并不比其创作逊色，而人们对其翻译的关注往往为其文名所掩。

早在 20 世纪 50 年代，余光中就有意识地翻译外文作品，例如 1957 年他翻译的《梵谷传》（梵谷即梵高）、《老人和大海》（即通译之海明威《老人与海》）即由重光文艺出版社出版。到 60 年代初，他单独或与宋淇（即林以亮）等人译注英美诗歌，相继出版有《英诗译注》（文星出版社，1960）、《美国诗选》（今日世界出版社，1961）和《英美现代诗选》（学生出版社，1968）。余光中以诗人身份翻译爱伦·坡、惠特曼、狄金森（Emily Dickinson，余光中译为"狄瑾荪"）等人的诗作，自有其独到心得。在香港中文大学任教期间，余光中还为学生开设了口译课，其中所用的素材就是他自己钟爱的王尔德戏剧，在一段时间的教学之后，他萌生自己翻译王尔德剧作的念头并付诸实践，这便是后来相继出版的王尔德戏剧《不可儿戏》（大地出版社，1984）、《温夫人的扇子》（大地出版社，1992）和《理想丈夫》（大地出版社，1995）。1997、1998 年，《温夫人的扇子》《理想丈夫与不可儿戏》由辽宁教育出版社在内地出版，影响深远。

余光中并不是翻译王尔德戏剧的先驱。早在 1925 年，洪深曾改译过 Lady Windermere's Fan，以《少奶奶的扇子》为名出版。次年，潘家洵也曾翻译过该剧，名为《温德米尔夫人的扇子》（朴社，1926）。1929 年 8 月，世界书局出版过周其勋对该剧原文的注释本。1936 年 5 月，张由纪翻译的《少奶奶的扇子》由启明书局出版。在 20 世纪二三十年代，《莎乐美》也有多个译本或注本：田汉译《沙乐美》（最早刊于 1921 年《少年中国》第 2 卷第 9 期，1923 年中华书局出版单行本）、英汉对照《莎乐美》（桂裕、徐名骥译述，商务印书馆，1924）、徐葆炎译《莎乐美》（光华书局，1927）、陈士义注释原文《莎乐美》（世界书局，1930）、沈佩秋译《莎乐美》（启明书局，1937）、胡双哥译《莎乐美》（星群出版公司，1946）。《理想丈夫》在中国也有好几个译本或注本：徐培仁译《一个理想的丈夫》（金屋书店，1928）、怀云译述《理想丈夫》（启明书局，1930）。

关于《不可儿戏》，余光中曾听好友宋淇说，其父亲宋春舫曾翻译过此剧。20 世纪 20—30 年代的翻译自有其历史文化语境，尤其是《温德米尔夫人的扇子》和《莎乐美》有如此之多的译本，与唯美主义在当时的深远影响密不可分。但自此之后王尔德的戏剧便隐入历史的尘烟，直到 80 年代才由余光中接续翻译。余光中的译本出版之后，在港台和内地颇有影响，也带动了读者对这位唯美主义作家的重新认识。21 世纪初，王尔德的戏剧相继被译出，重要的有乔国强等翻译的《温德米尔夫人的扇子》（收入《王尔德精选集》，北京燕山出版社，2009）和许渊冲翻译的王尔德戏剧集（《王尔德戏剧精选集》，上海教育出版社，2020；《王尔德戏剧全集》，商务印书馆，2021）。余光中对王尔德戏剧的翻译，发挥了承上启下的关键作用，而其在翻译时的字斟句酌、反复锤炼，更使其译作成为不可替代的优秀译本。

从类型上来看，余光中主要翻译诗歌和戏剧，而戏剧主要就是王尔德的三部戏剧。王尔德的戏剧之所以吸引余光中，其主要原因在于王尔德剧中那俏皮轻快、机锋绵密的语言。王尔德在都柏林三一学院修习古典文学，在牛津大学时又曾主攻古希腊文学，因此其英语创作颇受古典影响。换言之，王尔德剧中的英语是古典英语的结构加上他自己犀利俏皮的风格，是较为标准和纯粹的英文，这与余光中经常叹息中文的衰退和式微不谋而合。余光中曾在文中写自己教授翻译课程多年，给学生批改作业不是在批改翻译，而是在批改中文文字，例如他得将学生译作中的"我的手已经丧失了它们的灵活性"改为"我的两手都不灵了"。[1]与此同时，他又担心中文因外文的影响而变得"西化"，例如"我来松下问童子，童子言师采药去"就是加了英文中的文法连接，远不如"松下问童子，言师采药去"那么精炼直接。[2]

在翻译完《不可儿戏》后，余光中写过一篇译后记《与王尔德拔河

---

① 余光中：《余光中谈翻译》，北京：中国对外翻译出版公司，2002 年，第 82 页。

② 余光中：《余光中谈翻译》，北京：中国对外翻译出版公司，2002 年，第 95 页。

记》，将自己对译文的反复斟酌比拟为与王尔德原文在拔河。在这篇文章中，余光中表明了自己的翻译态度或翻译原则——不死扣原文，而是翻译原文的意思：

> 我做译者一向守一个原则：**要译原意，不要译原文**。只顾表面的原文，不顾后面的原意，就会流于直译、硬译、死译。最理想的翻译当然是既达原意，又存原文。退而求其次，如果难存原文，只好就径达原意，不顾原文表面的说法了。①

为此，余光中自己举了两个翻译《不可儿戏》时的例子以作说明。他将 pleasure 译为"寻欢作乐呀"(原文字面意思是"乐趣")，将 I only wish I could 译为"要是我知道就好了"(原文字面意思是"我但愿我能够知道")。在本章所选取的四个场景中，也有不少类似的例子。例如第一场开头部分的一句：

> As far as the piano is concerned, **sentiment is my forte.**
> **I keep science for life.**②

余光中译文：

> 就弹琴而言，**我的长处在感情。**
> **至于技巧嘛，我用来对付生活。**

---

① 王尔德著，余光中译：《理想丈夫与不可儿戏》，沈阳：辽宁教育出版社，1998 年，第 176 页。本章所引中文译文，均出自此版本。

② Oscar Wilde, *The Plays of Oscar Wide*, London: Harper Press, 2011. 本章所引英文原文，均出自此版本。

　　原文的 forte 来源于拉丁文 fortis 和法文 fort，意思是"特长或专长"，sentiment is my forte 直译的话，可以是"感情是我的特长"，但读起来就比较拗口，而且和后面的句子不能形成对偶的效果。原文第二句中的 science 一般指"科学"或"科技"，余氏将其译为"技巧"，就与前文的弹琴相联系。原文第二句原本只有一句，在译文中译者将其分为两小句，而且与译文第一句形成一个大致的对偶效果，确实是"译意而不是译文"。原文第二句如果直译的话，可以是"我把技巧留给生活"，在语言效果上自然不如余译。

　　如上所言，王尔德的语言犀利俏皮，而且喜欢用双关语（pun）。该剧题目中的 Earnest 就是一个绝佳的例子。英文中 earnest 一般用作形容词，意为"认真的，诚挚的"，这与剧中约翰和亚吉能的家族名字 Ernest 形成了双关[①]。杰克在乡下住就叫 John，而一到伦敦城里，就变成了 Ernest。为了与王尔德拔这个河，余光中将 John 译为约翰，将 Ernest 译为任真，该名字能马上让人联系起"认真"，也就是 earnest 的本意。该剧另一位主人公 Algernon，也杜撰了一位长期卧病的友人 Bunbury，为了与杰克和任真形成对照，余光中也别出心裁，将 Algernon 音译为亚吉能，而将 Bunbury 译为"梁勉仁"，"梁勉仁"符合汉语姓名的习惯，更重要的是读者马上会想起"两面人"三个字来，这就形成了一种语音和意义上的双关。

　　在人名的处理上，余光中在《不可儿戏》的翻译中基本按照名字译音、姓氏译音＋汉语常用姓的办法来处理的。例如 John Worthing 译为约翰·华兴，约翰对应 John，华兴对应 Worthing，在发音上"华兴"与 worthing 相近，而且"华"是汉语中常见的姓氏。其他姓名也大多如此：Algernon Moncrieff——亚吉能·孟克烈夫，Cecily Cardew——西西丽·贾尔杜，Canon Chasuble——蔡书伯牧师，Lane——老林，Merriman——梅

---

①　英美文学史上有名的作家海明威其名字就是 Ernest（Ernest Miller Hemingway, 1899—1961）。不知是有意还是无意，余光中曾翻译过海明威的代表作《老人与海》。

里曼（老梅）。在地名的处理上，也大致相近，即按照发音大致将原文翻译出来，但加上汉语语境中常见的"县、镇、乡"等字眼。例如本章第三部分的选段中，杰克介绍贾小姐家有三处住宅，分别是：

Belgrave Square, S. W.;

Gervase Park, Dorking, Surrey;

and the Sporran, Fifeshire, N. B.

余光中分别将其译为：

伦敦西南区贝尔格瑞夫广场一四九号；

塞瑞县道京镇格尔维斯公园；

苏格兰风笛县毛皮袋庄子。

　　原文的第一个地址仅有 S.W. (Southwest）的缩写，并未指出在哪个地区，译者根据广场的名称而将"伦敦"拈出，是一种信息的增译，这一增译极大地便利了读者的理解，因为不熟悉英国地名的读者自然很难知道贝尔格瑞夫广场具体在哪。原文第二个地址内容比较详细，但是译者将 Surry 和 Dorking 这两个地名的属性以"县、镇"的名称明确标识出来，符合读者的阅读期待，便利了读者的理解。原文的第三个地址 N. B. 可能是拉丁文 Nota Bene 的缩写，意思是"请注意"（note well），译者将其译为苏格兰，是一种意思的转换——省略了"请注意"的内容，而是将该地址所在的大区域"苏格兰"标示出来，以与前面的伦敦、塞瑞等英格兰的地名相对比，以突出其家族在各地都有产业，从剧情上来看，起到刺激、讥讽巴夫人的效果；Fifeshire 译为"风笛县"，显然是译意，fife 即"横笛"；the Sporran 译为"毛皮袋庄子"也是译意，sporran 就是指苏格兰高地男子穿正式服装时系在褶裥短裙前的毛皮袋，这个词首字母大写，将具体事物作为工厂名称，也是一种微妙的讽刺。[①]"庄子"二字的添加可谓是神来之笔，一来指明了贾小姐家在苏格兰有一家产业是做毛皮袋生意的，另一方面"庄子"是汉语中非常地道的表达产业或工厂的词语。因此，我们可以说，余光中的翻译处理是在尽量传达原文意义的基础上做到尽可能让译文读者准确、顺利地理解和接受原文信息，因此，其翻译方法有译音、有译意，当然也有两者的结合。

不仅在单个词语的处理上，余光中处理得谨慎而细致，在句子的处理上也是如此。例如下面一句：

The truth is rarely pure and never simple.

Modern life would be very tedious **if it were either**, and modern literature a complete impossibility!

余光中译文：

真相难得干脆，绝不简单。

真相要是干脆或者简单，现代生活就太无聊了，也绝对不会有现代文学！

译文的第一句，无论在语序还是语义上，都很好地对应了原文，当然原文中不可或缺的连接词 and 在译文中就可以不要了。这是中英文在表意和结构上不同的一个典型例子——英文中 and、or 等连接词不可或缺，中文中意义有所传达连接词就可以不要，因此研究界有"中文重神似，英文重形似"的说法。原文第二句的处理与第一句就截然不同。在译文中，译者将条件句 if it were either 提到句首，而将原文的主句放到后面，与 and

---

① 此处关于 sporran 和地址的解释，来自于笔者对格拉斯哥大学荣誉退休教授贾思博先生（David Jasper, Emeritus Professor of University of Glasgow）的请教。

后面的句意并列。从英文的角度来看，if 从句放在中间，体现出英文重视变化和不同的特点，即条件从句在句中的不同位置使得句型更加丰富。但是汉语译文，如果再按照第一句那样——在语序和语义上依循原文，就显得拗口和别扭，不符合汉语行文的习惯。因此，译者先将条件表明，然后说明这一条件会引起的两个后果，译文的效果自然比"直译"要好。这也符合余光中先生自己一贯的翻译原则——译意而不是译文。此外，原文中的条件句用 it，either 这类指代词来代指前文的内容，但是汉语如果照直翻译（"如果它是上述两者的话"），就会使得句意模糊，不符合汉语行文习惯。

　　如上文所言，中英两种文字在结构上有若干关键的不同，尤其是英文多用代词或其他方式来表示前文意义或达到省略的效果，但是中文如果直译就会有产生句意模糊等问题，这时就需要译者将指代或省略的信息填补出来。余光中在《不可儿戏》的翻译中做过不少类似的处理，其中剧末的那几句 at last 就是典型的例子。在戏剧最后，一切真相大白，几对恋人之间终于确定了各自的恋情，都发出了有情人终成眷属的感慨，但他们都只是用 at last 这样两个简单的词汇。如果直译成"终于！终于！"，则虽然传达了字面意思，但读来意味全无。为此，余光中将其译为"终于等到了"，一方面传达了"终于"的原文意义，另一方面"等到了"则传达了"有情人终成眷属"的内涵意义。戏剧末尾 Tableau 一词的翻译也颇见出译者高深的功力。该词指戏剧结束时所有演员停止动作，而形成一幅与布景相融合的静止场面，为之后的谢幕动作形成对比和作出铺垫。译者将其译为"众人静止如画"，不仅准确传达了意义，还是精妙的汉语表达，真是不可多得的妙译。

思考与阅读

（1）顺畅 or 滞涩？

　　如上所言，余光中在人名、地名等的处理上，一方面采取音译的方式，另一方面又尽可能加上汉语人名地名中常用的词汇，如将 Cecily Cardew 译为"西西丽·贾尔杜"。正是因为家族姓氏译为贾尔杜，因此在别处就有"贾小姐"的称呼，而贾小姐、华先生、蔡牧师之类的称呼自然一方面便于读者和听众的理解，但另一方面会不会有过于"归化"的嫌疑呢？尤其是将名字音译，而姓氏则是在音译的基础上尽量选择汉语姓氏，如果说"西西丽"是某种程度的异化译文，而"贾尔杜"是某种程度上的归化译文，它们同时出现在一个名字里面，会不会产生认知上的混淆呢？在《不可儿戏》剧中，管家 Merriman 和男仆 Lane 经常被称为"老梅"和"老林"，而 Lord Shoreman 被译为"萧大人"，这进一步加深了一种怀疑——这会不会是一部现代中文话剧？

当然，这只是《不可儿戏》这部剧中人名、译名的处理可能带来的一些疑惑，如果读完或观赏完整部译文，总体上给人的印象会是：这自然是一部英国戏剧。只不过，因为余光中先生精湛的中文功底，使得译文读起来流畅自然，毫不滞涩，并不带有所谓的"翻译腔"，而且也极少出现余先生心心念念反对的"欧化"句子。那么，这种中文读者读起来特别顺畅的译文是否就是完美的译文呢？翻译过程中是否译文必须读起来如汉语般流畅无碍呢？这在学界似乎是有一定争议的。

按照尤金·奈达的观点，如果译文读者阅读译文时产生的效果与原文读者阅读原文的效果庶几一致，那就实现了一种动态对等（dynamic equivalence），那译文自然是一种较好的译文。但是这里面又有一个问题：中英两种文字产生的历史文化语境如此不同，两种文字之间的阅读效果会不会全然一致呢？以古英语史诗《贝奥武甫》为例，英文读者自然对第三部分中喷火龙的形象心领神会——那是贝奥武甫这位英雄的敌手，是残害百姓的渊薮，但是中文读者如果不借助相关的语境和文化习得，恐怕就不会产生类似的阅读印象。

高峰枫先生曾比较"和合本圣经"的语言和冯象先生的《创世记》译文，他认为冯译"晓畅明快，颇为清丽动人，读来不费气力"，与其他西方古代经典的中译相比,冯译"文字更加细腻,是难得的佳译"。但同时他也指出,冯译中有些段落文学性太强,"过于有画面感,用词过于生动,色彩过于绚丽,灵动飘逸有加,却不能表现出经文的质朴和厚重来",而和合本的语言"古拙、雄浑,自成一独特的'圣经体'",和合本的语言应该要有一些"陌生化"效果,"特别需要读者在一些古怪、别扭的文句中多多逗留一会"。① 从这一观点来看,译文不一定要读起来特别顺口,像圣经这样的经典其译文应该有一些"古怪、别扭的文句"。正如后面论乔志高《大亨小传》一章所指出的,亦有论者认为乔译读起来太顺口了,太像汉语了,而似乎失去了汉语在当代语境中应当被"拉扯、实验"的意义。那么,读者,你认为译文是应当读起来特别顺口呢?还是应当有点"陌生"或滞涩呢?

(2)如何实现"双手互搏"?

我们知道,钱锺书一辈学者和译者自小便打下扎实的中文基础,后来上学时修习外文,因此其中文和外文能应用自如。只要理解了原文的意义,便能出之以良佳甚至是典雅的中文。即便是余光中先生的一代人(如刘绍铭以及稍后的白先勇、汪荣祖等),也能做到中文底子结实,外文修养高超。中外文字,在他们笔下,好比周伯通的那门绝活——双手互搏。但在学科囿域似乎越来越精准越来越狭窄的当今语境下,如何实现"双手互搏"呢?

以中文系和外文系为例,中文系的本科生除必修大学外语外,恐怕很难找到去选修或旁听英文专业英国文学课程的学生。外文系学生亦是如此,即便是英文系的硕士、博士,很难在中文系的课堂上见到他们的身影。而学生同时学习中文和外文的时段,主要在小学和中学期间,而在这两个阶段学生并不会特意去比较、体会、咂摸中外文字的同与异。要解决这一矛盾,恐怕还得做个"板凳甘坐十年冷"的有心人。一般而言,中文

① 高峰枫:《译经·释经·尊经——评冯象〈创世记传说与译注〉》,《书城》,2004年第12期。

系出身的译者比较少，翻译的主要力量来自于外文系的毕业生。外文系的学生一旦有志于从事翻译，那就要打破自身专业的圈囿，多读中文经典，甚至是积极参与中文的写作。余光中先生就是这样一个绝佳的例子。作为译者，余光中先生的出身自然是外文系，除金陵大学、厦门大学、台湾大学的外文系外，他还曾考取过北京大学和台湾师范大学的外文系[①]。但在上学期间，余光中已经从事中文的写作，并发表不少中文诗作和散文。中文写作和外文学习，对于大学期间的余光中而言，是相得益彰、互为促进。我们试选一段余氏名篇《听听那冷雨》中的文字：

> 两度夜宿溪头，树香沁鼻，宵寒袭肘，枕着润碧湿翠苍苍交叠的山影和万籁都歇的岑寂，仙人一样睡去。山中一夜饱雨，次晨醒来，在旭日未升的原始幽静中，冲着隔夜的寒气，踏着满地的断柯折枝和仍在流泻的细股雨水，一径探入森林的秘密，曲曲弯弯，步上山去。溪头的山，树密雾浓，蓊郁的水汽从谷底冉冉升起，时稠时稀，蒸腾多姿，幻化无定，只能从雾破云开的空处，窥见乍现即隐的一峰半壑，要纵览全貌，几乎是不可能的。[②]

文中第一句的前半部分说是古文，并不为过，但与后半部分连读，却并不觉得突兀或不自然，这或许就是中文高手的绝世功力。"湿翠"的用法或偶尔能见到，但是"润碧""饱雨"等词语，却是译者多年浸淫中文写作的再创造，这从某种程度上看也是对汉语发展的一种贡献。再比较一下余氏的一段译文：

---

① 考大学时，余光中分别考取北京大学和金陵大学的外文系，因当时北方时局不宁而放弃北大入金陵。后来他又同时考取台湾大学和台湾师范大学的外文系，最终选择了台大，但他后来则常年在台湾师范大学任教，可谓有缘。

② 余光中：《听听那冷雨》，北京：中国友谊出版社，2019年，第31页。

　　室内灯光辉煌，宾客满堂。齐尔敦夫人站在楼梯顶端，接待宾客登楼；她具有希腊的端庄之美，年约二十七。楼梯上方悬着一盏大吊灯，烛光照明挂在墙上的十八世纪法国的巨幅绣帷，绣的是布谢（Boucher）构图的《爱之胜利》。台右通向音乐室，隐约可闻弦乐四重奏的声音。台左入口通向其他接待室。马奇蒙特太太与巴锡登夫人并坐在路易十六款式的沙发上，均甚秀美。她们这一型细致中含有纤柔，做作中别具娇媚，俨然瓦陀（Watteau）画里美人。①

　　如果不是特别说明，这一段文字在中文读者读来也许并不觉得是译文，其阅读的感觉与读一段中文写作并无二致。这足以看出译者中文之纯熟。当然，上述一段译文可能是个例，《不可儿戏》这样的剧作毕竟以对话为主，而一旦以对话为主，自然不可能读来都像《听听那冷雨》那般美妙。无论如何，翻译总是应该以尊重原文的意义为基础，而一旦首先考虑原文意义，就不能完全以优美散文出之。在遵循原文语序和打破原文语序之间，真是如余光中所言，是一场旷日持久、历久弥新的拔河。此外，译诗、译文与译剧虽同为翻译，但也有不少关键区别，译诗方面，在传达原文的基础上，读者或许更期待译文亦有诗味，但"诗味"是什么，或许又是见仁见智的问题。与散文、小说甚至是戏剧相比，诗歌在语法和逻辑性上是最不讲究的，有时译文为了传达"诗味"，会略去原文中的一些内容，这又会引起争议。余光中以诗人身份译诗多首，个中滋味当体会最深。②

　　在后来的工作中，余光中曾担任过中文系主任、外文所所长，中外两

---

　　①　王尔德著，余光中译：《理想丈夫与不可儿戏——王尔德的两出戏剧》，沈阳：辽宁教育出版社，1998年，第5页。

　　②　可参看《东海西海：英语名诗名译赏鉴》第11章对余光中译《安娜贝尔·李》的赏析。（欧光安主编：《东海西海：英语名诗名译赏鉴》，天津：南开大学出版社，2021年。）

种文字在他手中更是炉火纯青。读者朋友，除熟读中文经典、积极参与中文写作外，还有哪些方法可以促进外文系学生的中文修养呢？

（3）如何评论译文？

以"余光中译《不可儿戏》"为关键词，在"中国知网"等数据库中搜索，其研究文章之数量虽不能说汗牛充栋，也有十数篇之多，可见余光中的译文日益受到研究界的关注。从研究的角度看，不少文章从翻译理论入手来剖析余译，例如从"目的论"译论看余译《不可儿戏》的翻译策略，功能对等论在余译《不可儿戏》中的体现，接受美学视角下余译《不可儿戏》与其他译本的对比分析，期待视野下的余译《不可儿戏》翻译研究等。这一方面体现出研究界对翻译理论的重视，以适当的翻译理论来分析某一特定的文本，可以得出不少有价值的文本分析；但另一方面，如果以翻译理论来分析译文或翻译过程，如果逻辑上不能自圆其说，是否会有以理论来套文本的嫌疑呢？此外，译者在翻译某个文本时，自然不可能将某个翻译理论作为自己翻译时的必然指导，那么在评价和分析某个译文时，有没有必要以某个翻译理论作为视角呢？

如果不以翻译理论为尺规来衡定某篇译文，那么该以何种标准来评价一种译文呢？主观印象自然不可取，客观标准又似乎难以取得全然的一致。或许较为客观的说法是：有好的译文，也有坏的译文。坏的译文还是好判断的：用词混乱，语法不通，句式杂乱，最糟糕的是连原文的基本意义都不能完整传达。当然，如果一部译文正好是上述现象的反面，那可以说是一部较好的译文，至少我们可以说：译者将原文意义做了完整传达，还能出之以顺畅的译文。或许这是翻译中最基本的原则和最低的要求了！

以下是我们推荐的一些基础读物。

（1）Oscar Wilde, *The Importance of being Earnest and other Plays*. New York: Penguin Group (USA) Inc., 2012.

（2）Richard Ellmann, *Oscar Wilde*. New York: Vintage Books, 1988.

（3）王尔德：《理想丈夫与不可儿戏——王尔德的两出戏剧》，余光中译，沈阳：辽宁教育出版社，1998年。

（4）王尔德：《温夫人的扇子》，余光中译，沈阳：辽宁教育出版社，1997年。

（5）王尔德：《王尔德精选集》，乔国强等译，北京：北京燕山出版社，2009年。

（6）余光中：《余光中集》（全九卷），天津：百花文艺出版社，2004年。

（7）余光中：《余光中谈翻译》，北京：中国对外翻译出版公司，2002年。

（8）余光中：《翻译乃大道》，北京：外语教学与研究出版社，2014年。

第三章　萧伯纳《英国佬的另一个岛》

（朱光潜译）

He is efficient in the service of Mammon,

mighty in mischief,

skillful in ruin,

heroic in destruction.

—— *John Bull's other Island*

它在为财神服务的时候才有效率，

在作恶的时候气力才大，

在毁灭的时候才有才能，

在破坏的时候才显出英雄气概。

——《英国佬的另一个岛》

John Bull's other Island
——George Bernard Shaw

TIM　Sure I know every word you're goin' to say before yeu said it. I know the sort o man yar. An so you're thinkin o comin to Ireland for a bit?

BROADBENT　Where else can I go? I am an Englishman and a Liberal; and now that South Africa has been enslaved and destroyed, there is no country left to me to take an interest in but Ireland. Mind: I don't say that an Englishman has not other duties. He has a duty to Finland and a duty to Macedonia. But what sane man can deny that an Englishman's first duty is his duty to Ireland? Unfortunately, we have politicians here more unscrupulous than Bobrikoff, more bloodthirsty than Abdul the Damned; and it is under their heel that Ireland is now writhing.

TIM　Faith, they've reckoned up with poor oul Bobrikoff anyhow.

BROADBENT　Not that I defend assassination: God forbid! However strongly we may feel that the unfortunate and patriotic young man who avenged the wrongs of Finland on the Russian Tyrant was perfectly right from his own point of view, yet every civilized man must regard murder with abhorrence. Not even in defence of Free Trade would I lift my hand against a political opponent, however richly he might deserve it.

TIM　Spare me blushes. I mustn't sit here to be praised to me face. But I confess to the goodnature: it's an Irish wakeness. I'd share me last shilling with a friend.

BROADBENT　I feel sure you would, Mr. Haffigan.

TIM　[*Impulsively.*]Damn it! Call me Tim. A man that talks about Ireland as you do may call me anything. Gimme a howlt o that whisky bottle. [*He replenishes.*]

BROADBENT [*Smiling indulgently.*] Well, Tim, will you come with me and help to break the ice between me and your warmhearted, impulsive countrymen?

TIM Will I come to Madagascar or Cochin China wid you? Bedad I'll come to the North Pole wid you if yll pay me fare; for the divil a shillin I have to buy a third class ticket.

BROADBENT I've not forgotten that, Tim. We must put that little matter on a solid English footing, though the rest can be as Irish as you please. You must come as my—my—well, I hardly know what to call it. If we call you my agent, they'll shoot you. If we call you a bailiff, they'll duck you in the horsepond. I have a secretary already; and —

TIM Then we'll call him the Home Secretary and me the Irish Secretary. Eh?

BROADBENT [*Laughing industriously.*] Capital. Your Irish wit has settled the first difficulty. Now about your salary —

TIM A salary, is it? Sure I'd do it for nothin, only me cloes ud disgrace you; and I'd be dhriven to borra money from your friends: a thing that's agin me nacher. But I won't take a penny more than a hundherd a year. [*He looks with restless cunning at Broadbent, trying to guess how far he may go.*]

BROADBENT If that will satisfy you—

TIM [*More than reassured.*] Why shouldn't it satisfy me? A hundherd a year is twelve-pound a month, isn't it?

BROADBENT No. Eight pound six and eightpence.

KEEGAN [*Admonitorily.*] Patsy: what did I tell you about calling me Father Keegan an your reverence? What did Father Dempsey tell you about it?

PATSY Yes, Father.

KEEGAN Father!

PATSY [*Desperately.*] Arra, what am I to call you? Father Dempsey says you're not a priest; and we all know you're not a man; and how do we know what would happen to us if we showed any disrespect to you? And sure they say once a priest always a priest.

KEEGAN [*Sternly.*] It's not for the like of you, Patsy, to go behind the instruction of your parish priest and set yourself up to judge whether your Church is right or wrong.

PATSY Sure I know that, sir.

KEEGAN The Church let me be its priest as long as it thought me fit for its work. When it took away my papers it meant you to know that I was only a poor madman, unfit and unworthy to take charge of the souls of the people.

PATSY But wasn't it only because you knew more Latin than Father Dempsey that he was jealous of you?

KEEGAN [*Scolding him to keep himself from smiling.*] How dare you, Patsy Farrell, put your own wicked little spites and foolishnesses into the heart of your priest? For two pins I'd tell him what you just said.

PATSY [*Coaxing.*] Sure you wouldn't —

KEEGAN Wouldn't I? God forgive you! You're little better than a heathen.

BROADBENT I shall leave you now, gentlemen, to your deliberations. I should like to have enlarged on the services rendered by the Liberal Party to the religious faith of the great majority of the people of Ireland; but I shall content myself with saying that in my opinion you should choose no representative who—no matter what his personal creed may be—is not an ardent supporter of freedom of conscience, and is not prepared to prove it by contributions, as lavish as his means will allow, to the great and beneficent work which you, Father Dempsey [*Father Dempsey bows.*] are doing for the people of Rosscullen. Nor should the lighter, but still most important question of the sports of the people be forgotten. The local cricket club—

CORNELIUS   The what!

DORAN   Nobody plays batn ball here, if that's what you mean.

BROADBENT   Well, let us say quoits. I saw two men, I think, last night— but after all, these are questions of detail. The main thing is that your candidate, whoever he may be, shall be a man of some means, able to help the locality instead of burdening it. And if he were a countryman of my own, the moral effect on the House of Commons would be immense! tremendous! Pardon my saying these few words: nobody feels their impertinence more than I do. Good morning, gentlemen.

[*He turns impressively to the gate, and trots away, congratulating himself, with a little twist of his head and cock of his eye, on having done a good stroke of political business.*]

HAFFIGAN   [*Awestruck.*] Good morning, sir.

THE REST   Good morning. [*They watch him vacantly until he is out of earshot.*]

《英国佬的另一个岛》

朱光潜　译

哈费干　你只要一张口，我就知道你要说什么话。我了解你这种人。听说你有意到爱尔兰去走走，是吗？

博饶本　除掉爱尔兰，我还有什么地方可去呢？我是个英国人，又是个自由党。现在整个南非洲都让人家奴化了，毁了，除掉爱尔兰，就没有什么别的国家可以使我关心啦。请别误会，我并非说，除掉爱尔兰，英国对别的国家就不该负责任了。英国人对芬兰有一份责任，对马其顿也有一份责任。不过英国人的首要责任是对于爱尔兰的。只要是头脑清楚的人，谁能否认这一点呢？不幸得很，我们有些政客，比波布里考夫还更无耻不讲理，比亚布杜尔"魔王"还更杀人不眨眼，爱尔兰现在所以痛苦不堪，就是这班家伙的毒手搞出来的呀。

哈费干　说句实在话，他们对于波布里考夫那个老家伙总算是报够了仇啦。

博饶本　我并不赞成暗杀，我绝对不赞成。那位不幸的芬兰爱国青年为着替祖国报仇，把那位俄国压迫者暗杀了，尽管我们深深感觉到，从他的那个观点来看，他这样做是完全正当的，可是每一个文明人对于暗杀都应该切齿痛恨。即使为着保卫自由贸易，我也决不肯伸手去杀一个政敌，尽管他很该死。

【注释】波布里考夫：尼古拉第二时代，俄国对芬兰施行压迫。任波布里考夫为芬兰总督，他的残酷引起芬兰人的极大仇恨。一九〇四年他被芬兰爱国忠士萧曼刺死，亚布杜尔"魔王"，似指当时土耳其的暴君亚布杜尔·哈密德二世。

哈费干　别叫我害臊吧。我不能坐在这里听人当面恭维我。不过我承认你说的性情好那一点。这是爱尔兰人的弱点。我会把最后一文钱拿出来与朋友共之。

博饶本　我相信你是会这样做的，哈费干先生。

哈费干　(冲动地。)别叫我什么哈费干先生，就叫我丁姆好了。一个人谈起爱尔兰来，像你那样，称呼我什么都可以。请把酒瓶递给我。(他替自己斟酒。）

博饶本 （带从容的神色微笑。）好，丁姆，你愿不愿陪我到爱尔兰去？你们爱尔兰人热情而任性，你去可以帮助我打破隔阂。

哈费干 问我愿不愿陪你到马达加斯加或是交趾支那吧。他妈的，即使要我陪你到北极去，我都情愿，只要你肯替我出路费；他妈的钱我可是一个都没有，我得买一张三等票哩。

博饶本 我想到了这一点，丁姆。处理这件小事，我们必须用结结实实的英国办法，尽管其他的事可以随你的意，用爱尔兰的办法。你这次去，应该作为我的——我的——嗯，我不知道怎样称呼你才好。管你叫我的代理人吧，他们会把你打死。管你叫我的管事吧，他们会把你抛到水里淹死。至于秘书，我已经有了一个了，而且——

哈费干 那么，把那一位叫做本国秘书，把我叫做爱尔兰秘书，好不好？

博饶本 （勉强地笑。）好极啦！你的爱尔兰人的机智已经把第一个困难解决了。现在来谈谈你的薪水。

哈费干 薪水吗？为你效劳，我本来可以分文不要。不过我这身衣服对于你怕不很体面，我怕逼得要向你的朋友们借钱，我生性最讨厌的就是借钱。我每年只要一百镑，多一文都不要。（用一副焦急而狡猾的神色打量博饶本，想猜测他究竟能给多少钱。）

博饶本 如果一百镑就可以使你满意的话——

哈费干 （大放其心。）为什么不可以使我满意呢？一百镑一年，就是十二镑一月，是不是？

博饶本 不对，八镑六先令八便士一月。

【注释】爱尔兰秘书：当时英国内阁中管理爱尔兰政务的大臣叫做"爱尔兰秘书"，管内务的大臣叫本国秘书，哈费干提议称自己为爱尔兰秘书，是开玩笑。

克干 （责备。）巴泽，你把我叫做什么神父，我是怎样告诉你的？敦卜赛神父又是怎样告诉你的？你忘记了吗？

巴泽 是，神父。

克干 还是神父！

巴泽 （不顾一切。）那么，叫你什么才好呢？敦卜赛神父说你不是神父，而我们都知道你并不是一个平常人；要是我们不尊敬你，谁知道会惹出什么祸事呢？而且他们说的也很对，做了一次神父，就永远是神父呀。

克干 （严厉地。）巴泽，像你这种人根本不配暗地里去琢磨教区神父的指示，说教会的长短。

巴泽 那个我倒知道，先生。

克干 过去教会认为我配当神父，才叫我当神父。后来教会把我的证件撤回去了，你就该知道，我只是个可怜的疯子，不配照管人民的灵魂啦。

巴泽 不过那只是因为你懂得拉丁，比敦卜赛神父懂的还多，所以敦卜赛神父妒忌你，是不是？

克干 （想笑，借骂巴泽来忍住笑。）巴泽·法越尔，你这又妒忌又愚蠢的东西，怎么胆敢以小人之心，度君子之腹？我准去把你今天说的话告诉敦卜赛神父。

巴泽 （用好话哄克干。）你当然不会——

克干 哼，我不会吗？上帝赦宥你，你这家伙简直就是个邪教徒！

博饶本 诸位，我不再说下去了，好让你们商量商量，我本来很想多谈谈自由党对于大多数爱尔兰人民的宗教信仰所作的贡献，不过现在我只说这一点，依我的愚见，你们所选的议员——无论他的个人信仰如何——必须热烈地拥护宗教自由，而且为着证明他拥护宗教自由，必须尽他的能力，提出大量的捐助，来帮助敦卜赛神父为罗斯库伦人民所做的伟大的慈善工作。(敦卜赛神父鞠躬。)此外,人民体育活动的问题虽然比较小,但是仍然顶重要,也不能忘掉。地方板球俱乐部——

柯尼里斯 什么俱乐部?

杜元 如果你指的是板球,这里却没有人打板球。

博饶本 那么,就说掷铁环吧。我想,昨晚我看见有两个人——不过这些都只是细节问题,暂且不谈吧。主要的是你们的议员候选人,不管他是谁,必须有点财产,能帮助地方,不至成为地方的负担。如果他是我们英国人,他对于众议院的精神影响就会很大,就会无比地巨大!请原谅我说了这几句话,我自己比任何人都更感觉到,这实在是冒昧之至。再见吧!诸位。

(他气派十足地转身向前门,很快地走开了,头微偏,眼睛向上扬起,自庆在政治勾当中做了一件得意的事。)

玛太 (懔然敬畏。)再见,先生。

其余的人 再见。(他们茫然望着他走开,直等到他听不见他们的话声了。)

📖 原作赏析

1856年7月26日,萧伯纳(George Bernard Shaw)出生于爱尔兰都柏林一个公务员之家,当时的爱尔兰刚刚经历惨绝人寰的"大饥荒",也即爆发于1845年的"马铃薯饥荒"(failure of the potato crop),社会经济尚未完全复苏,加之英帝国的殖民统治,爱尔兰民不聊生。受母亲熏陶,萧伯纳自幼便练习钢琴,学习音乐。少年时期的萧伯纳酷爱绘画和音乐,15岁从教会中学毕业后因家境困顿而辍学到都柏林汤森地产公司当学徒,也正是在这期间,萧伯纳目睹了爱尔兰农民的生存状况,尤其明白了土地对这些底层百姓的重要性。在向贫民收取房租的过程中,他切身感受到了爱尔兰百姓的疾苦。1876年,萧伯纳离开爱尔兰,跟随母亲前往伦敦。在伦敦,他长年失业,后期从事新闻工作。1888年,萧伯纳受革命导师马克思之女邀请参演易卜生名剧《玩偶之家》,萧伯纳对当时迎合低级趣味的英国剧坛颇为不满,而易卜生的出现让他看到了革新英国戏剧的希望。在易卜生的影响下，萧伯纳的志趣转向戏剧，1892 年，萧伯纳正式开始戏剧创作，他的第一部戏剧集《不愉快的戏剧集》收录了《鳏夫的房产》《华伦夫人的职业》《荡子》三部戏剧。第二部戏剧集《愉快的戏剧集》包括《康蒂妲》《风云人物》《武器与人》《难以预料》四部戏剧。第三部戏剧集《为清教徒写的三剧本集》收录了《魔鬼的门徒》《布拉斯庞德上尉的转变》《凯撒和克莉奥佩特拉》三部剧作。20 世纪以来，萧伯纳陆续创作了《人与超人》《巴巴拉少校》《皮格马利翁》《伤心之家》《圣女贞德》等大批优秀剧作。1925 年，萧伯纳因其作品散发的理想主义和人道主义而荣膺诺贝尔文学奖，瑞典文学院给出的获奖理由是"他那些充满理想主义及人情味的作品——它们那种激动性的讽刺，常蕴涵着一种高度的诗意美"。

萧伯纳一生创作的戏剧多达 50 余部，其中绝大部分以英国为背景，而与故乡爱尔兰有关联的戏剧屈指可数。《英国佬的另一个岛》（*John Bull's Other Island*）被认为是其唯一一部以爱尔兰为题材的剧作。更进一步说，这部四幕讽刺喜剧也是萧伯纳少有的探讨自我民族身份的戏剧。该剧是萧伯纳应当时爱尔兰文艺复兴戏剧运动中坚、爱尔兰文学剧院主持人叶芝之邀，于 1904 年为爱尔兰文学剧院创作的爱国应援储备剧目[1]。同年，英国戏剧爱好者安妮·霍尼曼女士购置房产，将前身为爱尔兰文学剧院的"爱尔兰民族戏剧社"改建为"阿贝剧院"，赠予叶芝等人进行戏剧演出。然而，《英国佬的另一个岛》在当时并不属于在刚刚成立的阿贝剧院上演的戏剧的范畴，因而未能上演。事实上，1899 年叶芝的《凯瑟琳女伯爵》和 1903 年辛格的《在幽谷的阴影下》就因为刻画真实的爱尔兰而在上演后痛遭观众的围攻。而 1904 年正值爱尔兰文艺复兴戏剧运动序曲到高潮的过渡期，阿贝剧院的定位为民族剧院，叶芝等人吸取前期教训，引以为

---

[1]　George Bernard Shaw. *John Bull's Other Island and Major Barbara*. New York: Brentano's, 1908, p. v.

戒，对无益于爱尔兰独立与解放的剧作持排斥态度[①]。萧伯纳这部以展现真实爱尔兰为旨归的《英国佬的另一个岛》在当时未能上演也便在情理之中了。对于该剧被拒演的事实，萧伯纳称"它（《英国佬的另一个岛》）与当时的新盖尔运动的精神是不相容的，新盖尔运动旨在基于理想打造一个新的爱尔兰，而我的戏剧是对真实的、古老的爱尔兰的一种'不妥协的呈现'（uncompromising presentment）"[②]。后来，该剧在伦敦宫廷剧院（Court Theatre）演出时大获成功，在英国观众中颇受欢迎，这部戏剧也因此成为一部成功的商业戏剧。

　　《英国佬的另一个岛》以爱尔兰乡村罗斯库伦为背景，讲述了英国人汤姆·博饶本和英国化的爱尔兰人劳伦斯·杜依尔共同持有的伦敦土木工程公司前往后者的故乡罗斯库伦开拓土地的故事。为避免自己英国人身份和新教徒身份受到爱尔兰人的攻击，获取当地人的信任，顺利为公司开拓地产，博饶本以打破隔阂为名雇佣嗜酒如命的冒牌"典型爱尔兰人"丁姆·哈费干[③]作为自己的引介人，一同前往罗斯库伦，结果后者只是从他那里骗取了一笔酒钱，并未在车站与其会合。知晓哈费干的骗局后，博饶本希望搭档爱尔兰人杜依尔能够同自己一起出面，然而生于爱尔兰，在伦敦混迹18年之久的杜依尔却因对故乡、故人复杂的情感而不愿回到故里。于是博饶本与杜依尔就后者回乡一事展开了激烈的辩论，在此过程中，杜依尔提到了钟情自己18年的爱尔兰女子娜拉·越莱，这一细节引起了博饶本的好奇，他穷追不舍，打探杜依尔与娜拉·越莱的关系，在确定杜依尔无意于娜拉，只是娜拉单方面的爱恋，尤其是得知娜拉因一年40镑的收入而备受当地人的尊敬时，他表示自己非常欣赏娜拉，杜依尔认为这对

---

　　① 当时的主流观点认为正面赞美、讴歌爱尔兰以及塑造完美的、理想的爱尔兰人形象的戏剧才能为民族运动营造良好的舆论氛围，凡是描写、刻画不完美但却真实的爱尔兰形象的剧作都是对爱尔兰民族的侮辱。

　　② George Bernard Shaw. *John Bull's Other Island and Major Barbara*. New York: Brentano's, 1908, p. v.

　　③ 后文提到的玛太·哈费干是丁姆·哈费干的伯父。

于娜拉和自己都是一种解脱，于是欣然答应博饶本与其同往。博饶本先行
到达罗斯库伦后，受到了杜依尔家人、敦卜赛神父的热情接待。在罗斯库
伦期间，博饶本一边找机会接近娜拉，骗取其感情，最终趁杜依尔冷落娜
拉，弃之而去之余，连哄带骗迫使娜拉同意与其成婚；另一边，他看杜依
尔无心竞选国会议员，其肺腑之言又遭众人斥责，便趁机而入，大放厥
词，极力鼓吹"和平""宗教自由"等言论，恭维、附和敦卜赛神父、玛
太·哈费干之流，以获得这些自私自利的爱尔兰人的支持，从而竞选议
员，实施自己的拓土计划。与此同时，在娜拉答应与其成婚后，博饶本随
即便到处宣扬此事，并怂恿娜拉前去拜访、贿赂当地有选举权的人，为自
己游说，争取选票。

　　尽管萧伯纳因其作品中被认为爱尔兰元素匮乏等原因，而通常不被归
属到试图以文化复兴，推动爱尔兰民族独立与解放的爱尔兰文艺复兴戏剧
运动作家的行列，但《英国佬的另一个岛》这部剧确实展现了萧伯纳对故
土爱尔兰深沉的爱，只不过这种爱并非热情洋溢的正面讴歌，而是对英国
钳制下潦倒的爱尔兰的怜悯、同情与无奈。借杜依尔和梦想成为神父却被
污蔑为"疯子"的仁慈的爱尔兰爱国者克干之口，萧伯纳表达了自己对爱
尔兰爱恨交加的复杂情感。剧中，杜依尔一方面帮助英国盘剥者博饶本在
自己的故乡开拓土地，嫌恶故乡的沉闷、愚昧、顽固，痛斥爱尔兰人耽于
幻想，感情用事；另一方面又对博饶本所说"英国领导下的自治"异常敏
感，对爱尔兰土地问题明察秋毫，了如指掌，在众人提议让他当国会议员
时，毫不隐讳地将过去爱尔兰土地治理中存在的弊病，尤其是地主对雇农
的压榨逐一揭露，揭穿了众人的敛财计划，并发表了自己以爱尔兰底层百
姓利益为根本的主张。杜依尔对于英国的态度也不分明，他一方面对英国
人的理性和办事的效率赞不绝口，另一方面又严词抨击英国人通过政治上
的哄骗从爱尔兰土地中攫取经济利益的丑恶行径，这表明萧伯纳对英国的
态度也是矛盾的。从以上杜依尔对爱尔兰和英国人的态度可以见出萧伯纳
对自己民族身份的界定表现出矛盾性、模糊性的特征，也因此，在该剧中

我们看到的是萧伯纳的一种复杂的英国与爱尔兰身份。

译文赏析

本章所选译文来自朱光潜翻译的《英国佬的另一个岛》。朱光潜，字孟实，1897 年 10 月 14 日出生于安徽省桐城县（今桐城市）双井村一个家道中落的地主家庭。朱光潜 6 岁时入私塾接受中国传统教育。15 岁时，朱光潜入孔城高等小学，接受新式教育，一学期后升入桐城中学。中学毕业后，朱光潜在桐城大关北峡小学任教半年。彼时，朱光潜非常渴望上北大，但由于家境困顿，只好作罢，就近考入免学费的国立武昌高等师范学校国文系。朱光潜对师范学校的师资和学术氛围甚不满意，但那时的他确实具备了较为深厚的中文功底。次年，恰逢北洋政府教育部从高等师范院校（北京、南京、武昌、成都高师）选派一批学生到香港大学深造，朱光潜报名应考并被录取，但在复试时因英文水平不合格而落选，遂入港大特设先修班补习英文、数学等科目。经补习，再试合格，朱光潜顺利就读教育系。在此期间，朱光潜主修英国语言文学、心理学、教育学、生物学。据说朱光潜在港大求学时对苏格兰人沈顺，也即辛博森（Simpson）教授推崇备至，称之为"精神上的乳母"[1]，尤其对教授的英国文学课感兴趣。港大是朱光潜接触西方文化的开端，也是其学术生涯的起点。港大实行英国式教育，在此求学的 5 年中，朱光潜不仅对西方文化有了初步的了解与认识，而且对英国学术文化表现出钦慕与憧憬[2]。1925 年夏，朱光潜考取安徽官费留英名额，他听取良师辛博森（Simpson）教授的建议到后者的母校爱丁堡大学文科学习。在此期间，他选修了英国文学、哲学、心理学、欧洲古代史和艺术史，为自己的美学研究奠定了基础。1928 年 6 月，朱光潜获爱丁堡大学文科硕士学位，9 月，入英国伦敦大学学习 5 门英文课程，主修英国文学，与此同时，朱也在仅隔一个海峡之遥的法国巴黎大

---

① 朱光潜：《朱光潜全集》第 9 卷，安徽：安徽教育出版社，1996 年，第 186 页。

② 高金岭：《朱光潜西方美学翻译思想研究》，济南：山东大学出版社，2008 年，第 8 页。

学注册，偶尔跨海去听课。1931 年 11 月，朱光潜在法国斯特拉斯堡大学文学院注册学习，1933 年 3 月，获文学博士学位。朱光潜的这些学习经历为他积累了扎实的英文功底和深厚的文学修养。

除了美学、文艺理论、教育方面的建树，朱光潜还精通英、法、德、俄多种语言，翻译成果甚丰，他翻译过不少文艺理论和美学著作，如哈拉普的《艺术的社会根源》、柏拉图的《文艺对话集》、克罗齐的《美学原理》、黑格尔的《美学》、莱辛的《拉奥孔》、维柯的《新科学》等。除了翻译文艺、美学理论著作，朱光潜对翻译文学作品也颇为上心，他最早于 1930 年翻译了法国中世纪广为流传的凯尔特传说《特里斯丹和绮瑟》，后陆续翻译了若干英国和爱尔兰作家的作品。1937 年 6 月 26 日，朱翻译的英国浪漫主义诗人华兹华斯的诗歌《露西》发表于《中央日报·诗刊》第 12 期。1943 年 7 月，朱翻译的爱尔兰作家叶芝的《最后的读书人》刊载于《时与潮文艺》第 1 卷第 3 期。1944 年 3 月，朱光潜译诗《叶芝诗选》刊载于《时与潮文艺》第 3 卷第 1 期。1946 年 9 月 29 日朱光潜翻译的英国作家查尔斯·兰姆的诗歌《梦中小儿女———一个幻想》发表于《经世日报》；10 月 13 日，其翻译的兰姆的散文名篇《古瓷》刊载于《经世日报·文艺周刊》第 9 期。而本文探讨的萧伯纳的剧作《英国佬的另一个岛》由朱光潜于 1953 年译毕，于 1956 年 12 月被收入人民文学出版社出版的《萧伯纳戏剧集》第 2 卷。在进行翻译实践的同时，朱光潜还发表了相关文章探讨翻译实践中存在的问题和论述自己关于翻译的思考与见解。1922 年，尚在香港大学就读的朱光潜在《时事新报·学灯》刊物发表了《怎样改造学术界？》一文，这篇文章是朱光潜最早谈论翻译的文字。在文中，朱光潜指出了当时译界存在的翻译质量与数量的不足、翻译活动缺乏组织性等弊病，并就可译性、直译与意译之争等问题发表了自己的看法；1944 年刊载于《华生》第 1 卷第 4 期的《谈翻译》是集中、系统论述其解放前翻译思想的著作；1947 年 5 月 4 日发表于《北平日报》的《"五四"以后的翻译文学》提出了译者必须具备的三个条件；1948 年 12

月发表的《思想就是使用语言》被认为是其翻译思想成熟的标志。

《英国佬的另一个岛》的翻译背景并不简单。新中国成立前，朱光潜曾是国民党中央监察委员。1948 年 12 月，解放军东北野战军包围北平，得知这一消息后，北大、清华学校诸教授惶恐不已，在去留之间游移不定。时任北大教授的朱光潜自然在这一行列。在进步友人的劝诫下，朱光潜最终选择留在北大，接受思想改造。在遭受批判的日子里，朱光潜笔耕不辍，致力于柏拉图著作的翻译。《柏拉图文艺对话集》译本于 1954 年 5 月由上海文艺联合出版社出版。正是在这一时期，"他还前所未有地接受了人民文学出版社布置给他的任务：翻译英国剧作家萧伯纳的戏剧——《英国佬的另一个岛》，以及为老舍翻译的萧伯纳《苹果车》做校译"①。事实上，朱光潜也曾请老舍为自己翻译的《英国佬的另一个岛》作校改，老舍对朱译的评价是"译得极好"，给出了"光潜译笔正确，全文无大错误"②的评语。由此，朱光潜翻译的萧伯纳的《英国佬的另一个岛》被视为中文经典译本也就不足为奇了。

如前所述，朱光潜译著丰硕，也正是在翻译实践过程中，他就翻译活动提出了颇有见地的观点，形成了自己独特的翻译观。在《谈翻译》一文中，他指出，翻译中最不容易办到的是"信"字，即"对原文忠实"，认为除了"对浮面的字义忠实"，还要在"情感、思想、风格、声音节奏"③等方面同时忠实。朱光潜认为翻译实践中"信"最难做到的第一个原因是"字义难彻底了解"，指出"在文学作品里，每个字须有它的个性，它的特殊生命。所以文学家或是避免熟烂的字，或是虽用它而却设法灌输一种新生命给它。一个字所结的邻家不同，意义也就不同"④。他以汉语诗为例进行说明，强调译者的文学修养和对文字语境意义（contextual meaning）

---

① 王攸欣：《朱光潜传》，北京：人民出版社，2011 年，第 341 页。
② 舒济：《老舍书信》，《新文学史料》，1990 年第 1 期。
③ 高金岭：《朱光潜西方美学翻译思想研究》，济南：山东大学出版社，2008 年，第 234 页。
④ 高金岭：《朱光潜西方美学翻译思想研究》，济南：山东大学出版社，2008 年，第 234 页。

的把握对翻译中实现"信"的重要性。

事实上，不仅是汉字，英语中同一个词在不同语境中的意思也千差万别。本文探讨的《英国佬的另一个岛》一剧中就存在这样的语言现象，该剧第一幕的布景描述中有这样两段：

On the walls hang a large map of South America, a pictorial advertisement of a steamship company, an impressive portrait of Gladstone, and several caricatures of Mr. Balfour as a rabbit and Mr. Chamberlain as a fox by Francis Carruthers Gould.

At twenty minutes to five o'clock on a summer afternoon in 1904, the room is empty. Presently the outer door is opened, and a valet comes in laden with a large Gladstone bag, and a strap of rugs.[①]

朱光潜译文：

墙壁上挂的是一张南美洲大地图，一张轮船公司的彩画广告，一张很神气的格莱斯敦的画像，以及几张法兰西斯·卡鲁托斯·哥尔德的讽刺画，这些画把贝尔福画成兔子，张伯伦画成狐狸。

一九〇四年夏天某日下午四点四十分的时候，这间房子里没有人。马上通外面的门打开了，进来了一个仆人，提着一个旅行大提包和一捆铺盖卷往里面那间房间里走。

【注释】格莱斯敦（1809—1898），英国自由党的领袖；贝尔福（1848—1930），英国保守党的领袖；张伯伦（1836—1914），原

---

① George Bernard Shaw. *John Bull's Other Island and Major Barbara.* New York: Brentano's, 1908, p. 4. 本章所选萧伯纳《英国佬的另一个岛》原文均出自此书。

是自由党，但与格莱斯敦政见不同；哥尔德（1844—1925），英国漫画家。剧中主角博饶本属自由党，所以崇拜格莱斯敦而鄙视贝尔福和张伯伦。①

可以看到，这两段中都含 Gladstone 一词，其中，第一段中的 Gladstone 指英国自由党政治家 William Ewart Gladstone，后一段中的 Gladstone 指"铰合式手提旅行包"。朱光潜采用音译法将第一段中的 Gladstone、Balfour、Chamberlain 三个人名分别处理为"格莱斯敦""贝尔福""张伯伦"，并以脚注的形式对三者进行介绍，揭示了这些人名背后的深层意蕴，即三者象征着不同的政党阵营，异化了目标读者对译文的理解，使其能够挖掘到博饶本办公室中挂着的"很神气"的"格莱斯敦"的画像和分别被画成兔子、狐狸的"贝尔福"和"张伯伦"的画像事实上是其政治倾向的表征这一深层信息，了解博饶本自由党的政治身份，从而在政治倾向层面对博饶本这一人物形象有初步的认识。基于语境，朱光潜将第二段中的 Gladstone 译为"旅行提包"，较为恰当。另外，"张伯伦"这一人名的汉化色彩较为明显，在一定程度上带给目标读者一种熟悉感。

再如 gentleman 一词的翻译：

（1）**DOYLE** ［*Interrupting.*］Now look here, Tom. That reminds me. When you go to Ireland, just drop talking about the middle class and bragging of belonging to it. In Ireland you're either a gentleman or you're not.

朱光潜译文：

---

① 萧伯纳著，潘家洵、朱光潜、林浩庄译：《萧伯纳戏剧三种》，北京：人民文学出版社，1963年，第96页。本章所选朱光潜《英国佬的另一个岛》译文均出自此书。

杜依尔　（打断他的话。）听我说，汤姆，你提醒了我一件事。你到了爱尔兰，千万别再谈什么中等阶级，也别再吹自己是中等阶级。爱尔兰只有两等人，有社会地位的和没有社会地位的。

（2）**BROADBENT**　I shall leave you now, gentlemen, to your deliberations. I should like to have enlarged on the services rendered by the Liberal Party to the religious faith of the great majority of the people of Ireland.

朱光潜译文：

博饶本　诸位，我不再说下去了，好让你们商量商量，我本来很想多谈谈自由党对于大多数爱尔兰人民的宗教信仰所作的贡献。

（3）**TIM**　You're a gentleman, sir. Whin me mother turns up her toes, you shall take the five pounds off; for your expinses must be kep down wid a sthrong hand; an— (*He is interrupted by the arrival of Broadbent's partner.*)

朱光潜译文：

哈费干　博饶本先生，你真是个君子人。等到我母亲死了，你可以减去五镑。你得把手放紧一点，不能浪费，如果——
（博饶本的合伙股东走进来了，打断了他的话。）

（4）**NORA**　I think you ought to be ashamed. I think if you were a gentleman, and me alone with you in this place at night, you would die rather than do such a thing.

朱光潜译文：

娜拉　我想你应该知道自重。我想你如果是个上流人，我一个人在深更半夜和你呆在这里，你就会宁死也不肯做出这种事来。

（5）**BROADBENT**　Hodson: this gentleman's sufferings should make every Englishman think. It is want of thought rather than want of heart that allows such iniquities to disgrace society.
HODSON　[*Prosaically.*] Yes, sir.
MATTHEW　Well, I'll be going. Good morning to you kindly, sir.

朱光潜译文：

博饶本　霍德生，这位大爷所受的苦值得每个英国人想一想。这样不公平的事真给社会丢脸，与其说是由于人们没有心肝，倒不如说由于人们没有头脑，才会发生这种事。
霍德生　（冷淡地。）是，老爷。
玛太　我要走了，再见，先生。

由以上译例可知，为实现翻译的"信"，朱光潜基于不同的语境，将"gentleman"一词分别处理为了"有社会地位的（人）""诸位""君子人""上流人""大爷"。具体而言，（1）中含"middle class"这一信息，这种情况下，将"gentleman"一词处理为"有社会地位的（人）"实现了译文上下文意义的连贯，保证了选段译文整体的可理解性。（2）的语境是博饶本为当选国会议员而发表煽动性言论。为迎合敦卜赛神父之流，获得其选票，博饶本称敦卜赛神父及柯尼里斯等爱尔兰底层百姓为"gentle-men"，显然带有恭维的意味。这里，为了实现"情感、思想"上的忠实，朱光潜将"gentlemen"一词翻译成敬辞"诸位"，还原了原文"恭维的意味"，较为妥当。（3）中博饶本与冒牌爱尔兰人哈费干商量薪资，当博饶本答应哈费干第一个月给他十二镑的工资时，哈费干奉承博饶本为"gentleman"，这里，朱光潜将其译为"君子人"，也即"君子"，突出人物高尚的品德，较为合理。（4）中，基于上流人和品行恶劣之人在行为上有差异这一前提，朱光潜将该例中的"gentlemen"译为了"上流人"。（5）仍然是博饶本为了得到爱尔兰底层百姓的支持而称身为底层农民的玛太为"gentlemen"，朱光潜根据玛太这一人物的年龄和博饶本对他有所求的情况将此处的"gentleman"译为"大爷"，较为妥帖。将"gentleman"处理为"诸位""君子人""大爷"，均采用了归化译法。

　　值得注意的是，（3）中 Tim 所说的话中有很多拼写错误，如 Whin（When）、expinses（expenses）、wid（with）等。纵观剧作中其余人物的话语，几乎没有拼写错误，而唯独 Tim 所说的话，几乎每一处都少不了拼写错误，（3）是一个典型的例子。结合 Tim 这一人物形象——靠从英国资本家手中骗取钱财存活的街头酒徒，可推测，Tim 话语中的拼写错误应该是萧伯纳故意为之，意在突出 Tim 英语水平，尤其是发音之拙劣。由译文可知，朱光潜在翻译时并没有对 Tim 蹩脚的发音进行语音上的还原，而是以意义传达为主要的考虑。

　　（5）中 sir 一词的翻译也是一个比较典型的例子。一个"sir"，当其出自仆人（霍德生）之口时，朱光潜将其归化为"老爷"，符合剧中仆人的身份；而出自一个试图借博饶本之力实现一己之私的底层佃农（玛太）之口时，朱光潜将其直译为尊称"先生"，符合一个有所求的佃农的处境与身份。

在《谈翻译》一文中，朱光潜进一步指出，联想意义（associative meaning）是了解和翻译外国文学的头号难题。他以英语和汉语中的一些文化意象为例，说明不同文化中的特定意象会使生活在不同文化语境中的群体产生不同的心理反应，并指出熟悉一国的人情风俗和文化历史背景有助于理解文字的联想意义，进而使翻译实践变得顺畅[①]。那么，朱光潜是如何处理《英国佬的另一个岛》这部剧中的异域文化意象的呢？

当博饶本表示要在罗斯库伦（Rosscullen）修建高尔夫球场和大旅馆时，克干嘲讽地问他如何从玛太等视"地"如命的人手中夺取地产："how to get butter out of a dog's throat"，朱光潜将该句译为"从狗嘴里怎样可以抢回来肉骨头呢"。该句中的文化意象"butter"，即黄油，对欧洲人来说再熟悉不过，但对五六十年代的国人却是非常陌生的。朱光潜将其归化为汉语读者所熟悉的意象"肉骨头"，虽然不利于目标读者了解异质文化，但却符合汉语文化中"狗吃骨头"的传统，有助于目标读者理解译文，更好地体会原文的讽刺意味。

劳伦斯将博饶本试图骗取玛太、杜元等自私自利的爱尔兰人的信任，当选国会议员，并以此牵制他们的行为比作"bait a mousetrap with toasted cheese"，朱光潜将此译为"在打鼠机安上肉来诱杀老鼠"，将其中的文化意象"toasted cheese"，即"烤奶酪"，处理为了"肉"。"烤奶酪"这种西方常见的食物对五六十年代的中国读者是陌生的，并且在汉语文化中，肉是捕鼠常用的诱饵之一。此处，朱光潜采用归化译法，将"toasted cheese"处理为"肉"，消除了异质文化意象可能对目标读者造成的理解障碍，易化了其对译文的理解。

克干以驴子讥讽博饶本时，说了这么一段：

---

① 高金岭：《朱光潜西方美学翻译思想研究》，济南：山东大学出版社，2008 年，第 235 页。

KEEGAN　That he wastes all his virtues—his efficiency, as you call it—in doing the will of his greedy masters instead of doing the will of Heaven that is in himself . He is efficient in the service of Mammon, mighty in mischief, skillful in ruin, heroic in destruction.

朱光潜译文：

克干　驴的毛病就在它浪费它的好品质——这就是你所谓有效率——去服从它的贪婪主子的意志，而不服从就在它本身的那个上天的意志。它在为财神服务的时候才有效率，在作恶的时候气力才大，在毁灭的时候才有才能，在破坏的时候才显出英雄气概。

原文中的 Mammon 是一个特殊的文化意象，据说是财富的邪神，诱使人为财富互相杀戮。《新约》中，耶稣用该词指责门徒的贪婪。此处，朱光潜将其归化为了"财神"，给目标读者制造了一种熟悉感。

需要注意的是，以上三个异域文化意象的翻译中，将"butter"译为"肉骨头"，将"toasted cheese"处理为"肉"，均实现了翻译中的"动态对等"，即汉语读者读到"从狗嘴里抢回来肉骨头"和"在打鼠机安上肉来诱杀老鼠"时会产生与原文读者读到"get butter out of a dog's throat"和"bait a mousetrap with toasted cheese"时一样的反应。而将 Mammon 处理为"财神"，情况则不一样，Mammon 一词本质上是邪恶的象征，而汉语文化中的"财神"多具备忠、孝、仁、义等品格，人们供奉"财神"，或求财，或祈福，"财神"在人们心目中的形象较为崇高。显然，中西两种文化中的"财神"形象悬殊。因此，将 Mammon 归化为"财神"，虽然在字面上给目标读者一种熟悉感，但在实现"动态对等"上却有偏误。

另外一个比较重要的文化意象是货币单位。朱光潜对货币单位的处理是非常灵活的。博饶本为使冒牌爱尔兰人哈费干同他一起前往爱尔兰而恭维后者时，后者回道：

TIM Spare me blushes. I mustn't sit here to be praised to me face. But I confess to the goodnature: it's an Irish wakeness. I'd share me last shilling with a friend.

朱光潜译文：

哈费干 别叫我害臊吧。我不能坐在这里听人当面恭维我。不过我承认你说的性情好那一点。这是爱尔兰人的弱点。我会把最后一文钱拿出来与朋友共之。

此处，原文中的"shilling"并不只是一个简单的货币单位，而是重在突出钱的数量之少，进而表现哈费干的"好性情"——"慷慨大方"。可以看到，朱光潜将"shilling"归化为了中国古代数值非常小的货币单位"一文钱"。这种处理方式不仅给目标读者一种熟悉感，更使其真切地体会钱数目之少，哈费干之"慷慨大方"，产生与原文读者一样的心理反应。

哈费干答应博饶本同他一起前往爱尔兰后，两人谈薪资时的对话：

TIM A salary, is it? Sure I'd do it for nothin, only me cloes ud disgrace you; and I'd be dhriven to borra money from your friends: a thing that's agin me nacher. But I won't take a penny more than a hundherd a year. (*He looks with restless cunning at Broadbent, trying to guess how far he may go.*)

BROADBENT If that will satisfy you—

TIM [*More than reassured.*] Why shouldn't it satisfy me? a hundherd a year is twelve-pound a month, isn't it?

BROADBENT　No. Eight pound six and eightpence.

朱光潜译文：

哈费干　薪水吗？为你效劳，我本来可以分文不要。不过我这身衣服对于你怕不很体面，我怕逼得要向你的朋友们借钱，我生性最讨厌的就是借钱。我每年只要一百镑，多一文都不要。（用一副焦急而狡猾的神色打量博饶本，想猜测他究竟能给多少钱。）

博饶本　如果一百镑就可以使你满意的话——

哈费干　（大放其心。）为什么不可以使我满意呢？一百镑一年，就是十二镑一月，是不是？

博饶本　不对，八镑六先令八便士一月。

　　可以看到，朱光潜将其中的货币单位"penny"也归化为了"一文钱"，来突出钱之少、哈费干之狡黠和虚伪。值得注意的是，朱光潜将最后博饶本答复中的"pound""shilling"（原文省略）和"pence"分别异化为了"镑""先令"和"便士"。从这里也可以得出，前文中朱光潜采用归化译法将"shilling"和"penny"处理为"一文钱"，意在凸显钱数量极少，辅助人物形象的塑造与刻画。而后文采用异化法，一方面是为了忠实于原文，同时也有助于目标读者了解西方货币文化。

　　朱光潜还采用意译法处理文化意象。比如杜依尔向博饶本揭露哈费干并非爱尔兰人，并告诉他那些冒牌爱尔兰人是如何利用"爱尔兰腔调"从像他一样的英国人手中骗取钱财时提到那些骗子就是从"music hall"中学到那些怪腔怪调的。"music hall"字面意思是"音乐厅"，实际指盛行于19世纪末20世纪初的歌舞杂耍戏院。朱光潜将其意译为"杂耍场"，足见其对英语世界中的文化意象把握之到位。

　　直译加注法也是朱光潜处理文化意象的一种方式。如之前 Gladstone 作为人名的翻译。再如 "holy water" 这一意象的处理，朱光潜将其直译为 "圣水"，并在注释中对其性质和功能加以说明——"圣水，基督教中牧师祝福过的水，据说可以 '辟邪和洗罪'"，使目标读者在了解相关宗教文化的同时，更好地理解原文。

　　事实上，页脚注释是朱光潜《英国佬的另一个岛》译本中一个特殊的存在，也是该译本一个不容忽视的特征。作为翻译过程的一种产物，"注释"这一副文本（paratext）起着补偿的作用。通读朱译本，发现该译本中的注释分布较为密集，多达 40 余条，内容涵盖人名、地名、历史、习俗、宗教等文化信息。朱译本中的注释除了为目标读者提供了解异质文化的渠道，如前面的 Gladstone 和 holy water，还起着实现译文上下文衔接连贯的作用，例如：

BROADBENT　…He has a duty to Finland and a duty to Macedonia. But what sane man can deny that an Englishman's first duty is his duty to Ireland? Unfortunately, we have politicians here more unscrupulous than Bobrikoff, more bloodthirsty than Abdul the Damned; and it is under their heel that Ireland is now writhing.

TIM　Faith, they've reckoned up with poor oul Bobrikoff anyhow.

BROADBENT　Not that I defend assassination: God forbid! However strongly we may feel that the unfortunate and patriotic young man who avenged the wrongs of Finland on the Russian Tyrant was perfectly right from his own point of view, yet every civilized man must regard murder with abhorrence. Not even in defence of Free Trade would I lift my hand against a political opponent, however richly he might deserve it.

朱光潜译文：

博饶本　……英国人对芬兰有一份责任，对马其顿也有一份责任。不过英国人的首要责任是对于爱尔兰的。只要是头脑清楚的人，谁能否认这一点呢？不幸得很，我们有些政客，比波布里考夫还更无耻不讲理，比亚布杜尔"魔王"还更杀人不眨眼，爱尔兰现在所以痛苦不堪，就是这班家伙的毒手搞出来的呀。

哈费干　说句实在话，他们对于波布里考夫那个老家伙总算是报够了仇啦。

博饶本　我并不赞成暗杀，我绝对不赞成。那位不幸的芬兰爱国青年为着替祖国报仇，把那位俄国压迫者暗杀了，尽管我们深深感觉到，从他的那个观点来看，他这样做是完全正当的，可是每一个文明人对于暗杀都应该切齿痛恨。即使为着保卫自由贸易，我也决不肯伸手去杀一个政敌，尽管他很该死。

【注释】波布里考夫：尼古拉第二时代，俄国对芬兰施行压迫。任波布里考夫为芬兰总督，他的残酷引起芬兰人的极大仇恨。一九〇四年他被芬兰爱国忠士萧曼刺死，亚布杜尔"魔王"，似指当时土耳其的暴君亚布杜尔·哈密德二世。

朱光潜以脚注的形式对博饶本提到的人名"波布里考夫"和"亚布杜尔'魔王'"进行了背景介绍。这样一来，目标读者才能将博饶本前后两段话关联起来，才能明白"那位不幸的芬兰爱国青年"和"那位俄国压迫者"的所指，以及为何"亚布杜尔"被称为"魔王"。此处的注释不仅使读者了解了相关历史，更实现了译文上下文衔接之严密、自然，有利于目标读者理解上下文所言之物。

众所周知，萧伯纳擅长讽刺与幽默，然而，这些讽刺和幽默往往是由源语中的某些文化因素引发的，如果译文的目标读者对这些文化因素没有一定的了解，那么对于萧伯纳的讽刺与幽默也便无从体察。译者通常借助注释对文化信息进行补偿，注释也因此成为帮助目标读者感知原作讽刺与幽默的重要手段之一。朱光潜所译《英国佬的另一个岛》中就有这样的例子：

BROADBENT [*Not understanding him.*] Quite so—er—oh yes. All I can say is that as an Englishman I blush for the Union. It is the blackest stain on our national history. I look forward to the time—and it can't be far distant, gentlemen, because Humanity is looking forward to it too, and insisting on it with no uncertain voice—I look forward to the time when an Irish legislature shall arise once more on the emerald pasture of College Green, and the Union Jack—that detestable symbol of a decadent Imperialism—be replaced by a flag as green as the island over which it waves—a flag on which we shall ask for England only a modest quartering in memory of our great party and of the immortal name of our grand old leader.

朱光潜译文：

博饶本 （没有懂得杜元的意思。）不错——呃——哦——对。我所能说的只有一句，作为一个英国人，对于英爱联邦，我真感到羞愧万分。这是我们英国史上的一个大污点。我期望有这么一个时候——这个时候不会很远，诸位，因为人类也都在期望着它，而且用毫不含糊的语气在坚持争取它的到来——我说，我期望有这么一个时候，那时候爱尔兰议会又要在学院草坪的碧绿的草地上巍然耸立，而联邦国旗，那个衰颓帝国主义的可恨的徽帜，要用一面青旗来代替，这面旗要和它在上空飘扬的那个岛国一样青。在这面旗上，我们只给英国要求留下一小块记号，来纪念我们的伟大的自由党，和我们伟大的老领袖的不朽英名。

【注释】老领袖指格莱斯敦。格莱斯敦对爱尔兰施行过高压手段，采用了强制法令。对他的赞美就是讽刺。

选段中，博饶本前面口口声声批判英爱联邦，末了，却又话锋一转，大肆歌颂曾对爱尔兰施行过高压手段的格莱斯敦，显然，此处萧伯纳意在讽刺博饶本的口是心非和虚伪。如果目标读者不了解"老领袖"为何人以及其对爱尔兰的所作所为，便不能体会此处的讽刺意味。这里，朱光潜不仅对"老领袖"及其恶劣行径做了说明，而且直接点出"对他的赞美就是讽刺"，使目标读者不假思索便能感受到萧伯纳的讽刺。

博饶本想让哈费干帮自己与罗斯库伦的爱尔兰人套近乎，以便开拓地产，却不知哈费干该以何种身份前往，当他告知哈费干代理人和管事都不妥，且他已经有了秘书时，哈费干告诉他，自己可以担任他的"爱尔兰秘书"。朱光潜在翻译时对"爱尔兰秘书"加了注解——"当时英国内阁中管理爱尔兰政务的大臣叫做'爱尔兰秘书'，管内务的大臣叫本国秘书，哈费干提议称自己为爱尔兰秘书，是开玩笑。"如此一来，哈费干油嘴滑舌的形象立即展现在读者面前，读者也借此了解到"爱尔兰秘书"这一术语的特殊内涵及其引发的玩笑，体会萧伯纳幽默的语言风格。

博饶本对爱尔兰一无所知，萧伯纳借杜依尔之口对其展开讽刺：

BROADBENT [*Still incredulous.*] But his brogue!

DOYLE　His brogue! A fat lot you know about brogues! I've heard you call a Dublin accent that you could hang your hat on, a brogue. Heaven help you! You don't know the difference between Connemara and Rathmines. [*With violent irritation.*] Oh, damn Tim Haffigan!

Let's drop the subject: he's not worth wrangling about.

朱光潜译文：

博饶本 （还不大相信。）不过他说的一口爱尔兰土腔呀。

杜依尔 哼，他说的一口爱尔兰土腔，你对于爱尔兰土腔倒很内行！有一次我听见过你把很重的都柏林音叫做爱尔兰土腔。说起来很可怜，你连康纳玛拉和腊特曼因斯也辨别不出。［极端恼怒。］滚他妈的哈费干吧！别再谈他了，他值不得我们去辩论。

【注释】都柏林是爱尔兰的都城，那里的语音不能算土腔。康纳玛拉在爱尔兰的极西，腊特曼因斯在爱尔兰的极东，这句话的意思是"你在爱尔兰连东和西都辨别不出来"。

杜依尔所言博饶本对爱尔兰土腔很内行以及他连康纳玛拉和腊特曼因斯也辨别不出，实际是在讽刺博饶本对爱尔兰的无知。然而，这层讽刺意味只有借助朱光潜给出的注释才可以体会到。值得注意的是，朱光潜的注释并非对文化信息的表层补充，而是在此基础上，对相关原文内容进行进一步加工，将原文的弦外之音和言外之意展现出来。这种有深度的注释毫无疑问促进了目标读者对原文内容的理解，使其很容易领会到萧伯纳对人物的讽刺。

朱光潜注释的深度还体现在他对剧本中一些特殊元素所做的深入的、全面的、解说式的补充。剧中首次出现故事发生的地点"罗斯库伦"时，朱光潜以脚注的形式对其进行了解说——"罗斯库伦是本剧的主要场所，代表爱尔兰的农村。它在经济上极落后，但正在经历剧烈的转变。先是土地掌握在大地主手里，莱斯屈朗基便是旧式大地主的代表。这班大地主在英国压榨之下，加上生产方式落后，大半破产了，把土地典押给英国资本家。于是政府颁布土地购买法令，使富裕中农可以购买土地，土地因此日益分散。由于上述原因，这班新式小地主仍然不能维持下去。结果英国资本家进来进行'土地开拓'，就是把爱尔兰农民的土地拿过来经营工商业，使农民放弃他们落后的农业，或是贫穷饿死，或是转到美洲去找生路，或是在英国人办的企业中当奴隶。本剧所写的就是这种转变的过程。"朱光潜点出了其象征意义及该地当时的经济、社会、政治背景，尤其说明了当时爱尔兰农村地主与英国资本家之间的纠葛及后者对前者的压榨、剥削。这种细致的解说式注释使目标读者对故事发生的历史背景有了初步的认知，有助于其基于人物对话厘清剧作中人物之间的关系，更好地理解剧作的主旨。

由以上分析可知，朱光潜所译《英国佬的另一个岛》中的注释具有多元的效果。这些注释之所以效果丰富，一方面归因于译者对读者接受角度的考量，另一方面则是译者"研究自觉"的表现。通读朱光潜所译《英国佬的另一个岛》中的注释，发现有一部分比较特殊的注释——译者在对文化信息进行补充的基础上，或阐发自己对文本内容的理解，或点出意象背后的深层意蕴。这种以注释的形式记录翻译过程中对文本的理解或揭示意象潜台词的做法将译者的"研究自觉"显性化，而这也正是朱光潜一贯的"翻译与研究相结合"的治学之道。① 总而言之，朱光潜在《英国佬的另一个岛》译本中所加的注释成为该译本的一个特质，增强了该译作的学术性，为后来的文学、翻译研究提供了便利与指向。

---

① 美学经典著作是朱光潜主要的翻译对象之一，学者高金岭在《朱光潜西方美学翻译思想研究》一书中以朱光潜西方美学翻译实践为例，讨论了朱光潜独特的"翻译与研究相结合"的学术路径，指出翻译是朱光潜研究活动的有机组成部分，美学著作的翻译充当着朱光潜美学思想的载体，朱光潜的许多真知灼见、研究心得都写在各种译本的"前言""后记""序""跋"与"注释"中，认为"变译"即译者根据读者的需要，采用增、减、并、改、编、写、阐等变通手段摄取原作相关内容的一种研究性翻译，是朱光潜"翻译与研究相结合"学术路径的具体实现形式。见高金岭：《朱光潜西方美学翻译思想研究》，济南：山东大学出版社，2008年，第46页，49—50页，53页。本文探讨的朱光潜翻译的《英国佬的另一个岛》中的多个注释的内容就是朱光潜对文本的解读与阐释，且朱光潜在翻译该剧时采用了多种翻译方法，基于高金岭著作中的见解，笔者认为《英国佬的另一个岛》译本是朱光潜践行"翻译与研究相结合"学术路径的一个例子。

　　萧伯纳该剧剧名中 John Bull 一词的翻译也耐人寻味。John Bull 是苏格兰作家约翰·阿布斯诺特（John Arbuthnot）于 1712 年创作的政治讽刺小说《约翰牛的生平》（*The history of John Bull*）中的主人公，象征着资产阶级革命胜利后资产阶级政权为大量积累工业资本而对内实行"圈地运动"（enclosure movement），对外实行殖民地掠夺政策时期的英国。《英国佬的另一个岛》讲述的正是英国资产阶级在殖民地爱尔兰农村进行土地掠夺的过程，萧伯纳用 John Bull 指代英国，显然意在讽刺、抨击英国资本家野蛮的充满罪恶的爱尔兰之行。朱光潜将 John Bull 处理为"英国佬"，一个"佬"字不仅使译文带有汉化色彩，给目标读者一种熟悉感，更是将萧伯纳对英国资产阶级的蔑视情绪精准地传达了出来，使目标读者真切地感受到原作的讽刺意味。可以说，John Bull 一词的翻译呼应了前文所述朱光潜"对原文忠实"的译学主张：除了"浮面的字义忠实"，还要顾及"情感、思想、风格"方面的忠实，即朱光潜的"英国佬"传达出了萧伯纳的 John Bull 所要表达的对英国资产阶级的讥讽与蔑视。

　　在《谈翻译》一文中，朱光潜也对直译与意译之争发表了自己的看法，认为翻译界素来颇具争议的直译和意译之分根本不应该存在，这两种翻译方法的关系是"你中有我，我中有你"，并没有清晰的界限；他指出，在力求忠实原文的同时，译文行文应当符合中国语文习惯，"文从字顺的直译"才是"理想的翻译"。[①]在翻译《英国佬的另一个岛》时，朱光潜就践行了这种译学主张，下面举例说明。

　　巴泽称呼已丧失神父身份的克干为神父，克干教训他道：

KEEGAN [*Sternly.*] It's not for the like of you, Patsy, to go behind the instruction of your parish priest and set yourself up to judge whether your Church is right or wrong.

---

　　① 高金岭：《朱光潜西方美学翻译思想研究》，济南：山东大学出版社，2008 年，第 240—241 页。

朱光潜译文：

克干　（严厉地。）巴泽，像你这种人根本不配暗地里去琢磨教区
神父的指示，说教会的长短。

对照原文和译文可知，朱光潜将"judge whether your Church is right or
wrong"处理为了"说教会的长短"，这样处理要比直译为"评判你的教
会是正确的还是错误的"更口语化、更生动。

再如巴泽分析克干之所以不能当神父是因为敦卜赛神父嫉妒他，克
干听了巴泽的分析，内心产生一种被理解的愉悦，但又装出一副严肃的样
子，教训巴泽道：

KEEGAN　[*Scolding him to keep himself from smiling.*] How dare
you, Patsy Farrell, put your own wicked little spites and foolishnesses
into the heart of your priest? For two pins I'd tell him what you just
said.

朱光潜译文：

克干　（想笑，借骂巴泽来忍住笑。）巴泽·法越尔，你这又妒忌
又愚蠢的东西，怎么胆敢以小人之心，度君子之腹？我准去把你
今天说的话告诉敦卜赛神父。

对照原文和译文可知，朱光潜采用分译和归化两种方法将"put your
own wicked little spites and foolishnesses into the heart of your priest"处理为
"你这又妒忌又愚蠢的东西，怎么胆敢以小人之心，度君子之腹？"读来
顺畅自然，毫无翻译痕迹。

上述两个译例的共同特点是译者在翻译时没有拘泥于原文语序，而是在对原文内容进行整体理解和把握后，以地道的汉语译之。与此同时，这两个译例对原文意蕴和风格的还原也十分到位。两段原文均是克干对巴泽的训诫，既然是训诫，说话人的语气、措辞就不大可能中规中矩，"说教会的长短""你这又妒忌又愚蠢的东西，怎么胆敢以小人之心，度君子之腹？"可以说生动地译出了人物训话时责备、吓唬的语气，读来毫无违和感，如若亦步亦趋，照搬原文语序译出，效果则要逊色许多。

朱光潜所译《英国佬的另一个岛》中的误译现象也很有意思。

博饶本以迎合众人为目的谈论了自己对爱尔兰自治的看法后扬长而去：

BROADBENT   …And if he were a countryman of my own, the moral effect on the House of Commons would be immense! tremendous! Pardon my saying these few words: nobody feels their impertinence more than I do. Good morning, gentlemen.

[*He turns impressively to the gate, and trots away, congratulating himself, with a little twist of his head and cock of his eye, on having done a good stroke of political business.*]

HAFFIGAN   [*Awestruck.*] Good morning, sir.

THE REST   Good morning. [*They watch him vacantly until he is out of earshot.*]

朱光潜译文：

博饶本   ……如果他是我们英国人，他对于众议院的精神影响就会很大，就会无比地巨大！请原谅我说了这几句话，我自己比任何人都更感觉到，这实在是冒昧之至。再见吧！诸位。

他气派十足地转身向前门，很快地走开了，头微偏，眼睛向上扬起，自庆在政治勾当中做了一件得意的事。

玛太　（懔然敬畏。）再见，先生。

其余的人　再见。（他们茫然望着他走开，直等到他听不见他们的话声了。）

由选段中博饶本说的"Pardon my saying these few words: nobody feels their impertinence more than I do"一句可推测，博饶本觉察到自己说的有些多且他所说的可能会冒犯到在场的人，那么下面他应该会离众人而去，舞台说明也表明他发表完观点后的动作是离开。然而，原文中他发表完自己的看法后的最后一句话却是"Good morning, gentlemen"，众人的回应也是"Good morning"，这显然与人物的行为不符。由朱光潜的译文可知，他将"Good morning"处理为了"再见"，这样的处理虽然有失忠实，但却符合剧情发展的逻辑，具有一定的合理性。

再如克干讥讽英国资本家的狡猾与虚伪——博饶本通过花言巧语使殖民地爱尔兰的底层群体毫无察觉或心甘情愿地臣服于自己，然后利用这些底层群体自私自利的弱点来毫不费力地达到自己掠夺土地的目的时用了习语"making the best of both worlds"，该习语意为"两全其美"，朱光潜将其直译为"能尽量利用今世和来世"，有误译之嫌。

如前所述，《英国佬的另一个岛》是萧伯纳创作的爱国应援储备剧目。由剧情可知，在爱尔兰底层群体的堕落中与英国资本家的操纵下，爱尔兰农村罗斯库伦的地产即将沦为后者的囊中之物。英帝国步步紧逼的压迫与剥削正预兆着爱尔兰民族独立运动的爆发。因此，这部剧除了表现萧伯纳对英国和爱尔兰复杂的情感，还揭露了英帝国殖民掠夺的丑恶嘴脸，暗示着被蹂躏到极端的爱尔兰民族的觉醒和若干年后的爱尔兰民族独立运动的爆发。毋庸置疑，这一主题对新中国成立不久后的五六十年代的国民具有极好的教育意义，这也许是当时人民文学出版社在众多外国戏剧作品中选中《英国佬的另一个岛》的重要原因之一。基于此脉络，不难推测，朱光潜翻译时最大的考量应该是读者的接受。由之前的译文选段分析可知，朱光潜在坚持"忠实于原文"原则的基础上采用了多种翻译方法来实现其"文从字顺的直译"，而这些都是为了使目标读者更好地理解原作。朱光潜一生译著甚丰，《英国佬的另一个岛》是其翻译的为数不多的戏剧作品。透过该译本，我们窥探到了朱光潜独特的翻译观和其自成一体的"翻译与研究相结合"的治学之道，与此同时，也正是其独特的翻译观和自成一体的"翻译与研究相结合"的学术路径成就了该译本的特质。尽管该译本存在少许误译的现象，但瑕不掩瑜，在朱光潜"忠实原文""文从字顺的直译"的翻译观及"翻译与研究相结合"的学术路径的指引下，整个译本完成了时代赋予它的历史使命，也成为萧伯纳该剧的经典中译本。

以下是我们推荐的一些基础读物。

（1）George Bernard Shaw. *John Bull's other Island and Major Barbara.* New York: Brentano's, 1908.

（2）萧伯纳：《萧伯纳戏剧三种》，潘家洵、朱光潜、林浩庄译，北京：人民文学出版社，1963 年。

（3）王攸欣：《朱光潜传》，北京：人民出版社，2011 年。

（4）高金岭：《朱光潜西方美学翻译思想研究》，济南：山东大学出版社，2008 年。

（5）《朱光潜全集》第 9 卷，合肥：安徽教育出版社，1996 年。

（6）赫里斯：《萧伯纳传》，黄嘉德译，北京：团结出版社，2006 年。

（7）杜鹃：《萧伯纳戏剧研究》，苏州：苏州大学出版社，2012 年。

（8）商金林：《朱光潜自传》，江苏文艺出版社，1998 年。

（9）钱念孙：《朱光潜与中西文化》，安徽教育出版社，1995 年。

第四章　格雷戈里夫人《月起》

（罗家伦译）

One word more, for signal token,

Whistle up the marching tune,

With your pike upon your shoulder,

At the Rising of the Moon.

—— *The Rising of the Moon*

还有一句话，

暗号不能假，

快把那前进的胡哨儿打；

桨儿放上肩，

正当这新起的月亮下。

——《月起》

The Rising of the Moon
——Lady Gregory

PERSONS

Sergeant.

Policeman X.

Policeman B.

A Ragged Man.

SCENE   *Side of a quay in a seaport town. Some posts and chains. A large barrel. Enter three policemen. Moonlight.*

[*Sergeant, who is older than the others, crosses the stage to right and looks down steps. The others put down a pastepot and unroll a bundle of placards.*]

POLICEMAN B   I think this would be a good place to put up a notice. [*He points to barrel.*]

POLICEMAN X   Better ask him. [*Calls to Sergt.*] Will this be a good place for a placard?

[*No answer.*]

POLICEMAN B   Will we put up a notice here on the barrel?

[*No answer.*]

SERGEANT   There's a flight of steps here that leads to the water. This is a place that should be minded well. If he got down here, his friends might have a boat to meet him; they might send it in here from outside.

POLICEMAN B   Would the barrel be a good place to put a notice up?

SERGEANT   It might; you can put it there.

[*They paste the notice up.*]

SERGEANT [*Reading it.*] Dark hair—dark eyes, smooth face, height five feet five—there's not much to take hold of in that—It's a pity I had no chance of seeing him before he broke out of gaol. They say he's a wonder, that it's he makes all the plans for the whole organization. There isn't another man in Ireland would have broken gaol the way he did. He must have some friends among the gaolers.

POLICEMAN B A hundred pounds is little enough for the Government to offer for him. You may be sure any man in the force that takes him will get promotion.

SERGEANT I'll mind this place myself. I wouldn't wonder at all if he came this way. He might come slipping along here, [*Points to side of quay.*] and his friends might be waiting for him there *(points down steps),* and once he got away it's little chance we'd have of finding him; it's maybe under a load of kelp he'd be in a fishing boat, and not one to help a married man that wants it to the reward.

POLICEMAN X And if we get him itself, nothing but abuse on our heads for it from the people, and maybe from our own relations.

SERGEANT Well, we have to do our duty in the force. Haven't we the whole country depending on us to keep law and order? It's those that are down would be up and those that are up would be down, if it wasn't for us. Well, hurry on, you have plenty of other places to placard yet, and come back here then to me. You can take the lantern. Don't be too long now. It's very lonesome here with nothing but the moon.

POLICEMAN B It's a pity we can't stop with you. The Government should have brought more police into the town, with him in gaol, and at assize time too. Well, good luck to your watch.

[*They go out.*]

SERGEANT [*Walks up and down once or twice and looks at placard.*] A hundred pounds and promotion sure. There must be a great deal of spending in a hundred pounds. It's a pity some honest man not to be the better of that.

MAN Give me a match, sergeant. [*He gives it and man lights pipe.*] Take a draw yourself? It'll quiet you. Wait now till I give you a light, but you needn't turn round. Don't take your eye off the quay for the life of you.

SERGEANT Never fear, I won't. [*Lights pipe. They both smoke.*] Indeed it's a hard thing to be in the force, out at night and no thanks for it, for all the danger we're in. And it's little we get but abuse from the people, and no choice but to obey our orders, and never asked when a man is sent into danger, if you are a married man with a family.

MAN [*Sings.*] —

"As through the hills I walked to view the hills and shamrock plain,

I stood awhile where nature smiles to view the rocks and streams,

On a matron fair I fixed my eyes beneath a fertile vale,

As she sang her song it was on the wrong of poor old Granuaile."

SERGEANT Stop that; that's a no song to be singing in these times.

MAN Ah, sergeant, I was only singing to keep my heart up. It sinks when I think of him. To think of us two sitting here, and he creeping up the quay, maybe, to get to us.

SERGEANT Are you keeping a good lookout?

MAN I am; and for no reward too. Amn't I the foolish man? But when I saw a man in trouble, I never could help trying to get him out of it. What's that? Did something hit me?

[*Rubs his heart.*]

SERGEANT [*Patting him on the shoulder.*] You will get your reward in heaven.

MAN I know that, I know that, sergeant, but life is precious.

SERGEANT Well, you can sing if it gives you more courage

MAN [*Sings.*] —

> Her head was bare, her hands and feet with iron bands were bound,
>
> Her pensive strain and plaintive wail mingles with the evening gale,
>
> And the song she sang with mournful air, I am old Granuaile.
>
> Her lips so sweet that monarchs kissed...

SERGEANT That's not it... "Her gown she wore was stained with gore." ... That's it—you missed that.

MAN You're right, sergeant, so it is; I missed it. *(Repeats line.)* But to think of a man like you knowing a song like that.

SERGEANT There's many a thing a man might know and might not have any wish for.

MAN Now, I daresay, sergeant, in your youth, you used to be sitting up on a wall, the way you are sitting up on this barrel now, and the other lads beside you, and you singing "Granuaile" ?...

SERGEANT I did then.

MAN And the "Shan Bhean Bhocht" ?...

SERGEANT I did then.

MAN And the "Green on the Cape?"

SERGEANT That was one of them.

《月起》

罗家伦　译

剧中人

巡长

警察甲

警察乙

一个褴褛的人

布景　一个临海城市的靠船码头旁边。有几根柱杆，几条铁链。一个大的圆木桶。三个警察进来。月色。

（巡长的年纪比两个警察大一点，走过台前面到右边，望着下面的踏步。两个警察把一个浆糊桶子放下来，摊开一卷告白。）

警察甲　我想这是一个贴告白的好地方。（他指着圆木桶。）

警察乙　最好问问他。（叫着巡长。）这是贴告白的好地方吗？

（没有回答。）

警察甲　我们贴一张告白在这桶上好吗？

（没有回答。）

巡长　这儿有一段踏步到水面上去。这个地方应该好好当心。若是他下去了，也许他的朋友有一个小船在那儿等他；他们也许从外面派一个小船进来。

警察甲　这个木桶上贴一张告白好吗？

巡长　也好；你们贴一张罢。

（他们贴上一张告白。）

巡长　（念着。）黑头发——黑眼睛，平脸，身长五尺五寸——根据这个，找不出什么道理来。可惜在他逃出监狱以前，我没有机会看他一面。人家都说他真了不起。他们全部组织的计划，都是他定的。在爱尔兰不曾有过第二人像他这样越狱的。监牢的看守里面，说不定有他的朋友。

警察甲 政府出一百磅赏格捉他，真不算多。若是我们弟兄们把他抓了，一定还有官升。

巡长 我自己来当心这个地方。他走这条路来，是不足为奇的。他也许顺着那儿溜过来；（指着靠船码头。）并且他的朋友，也许在那儿等他。（指着底下的踏步。）若是他一旦走了，我们再也没有机会找得着他。在那堆水草底下，也许他找着渔船。有家小的人，为了赏格去动手，这危险真是值不得。

警察乙 若是我们把他捉了，老百姓，连着我们的亲眷，一定狗血喷头的骂死我们。

巡长 但是，我们在队伍里面有我们的责任。谁说不是整个的国家，要靠我们保障法律，维持秩序？如果不是我们，在下面的也许窜上来，在上面的也许打下去。好罢，赶紧，你们还有许多地方，要去贴告白的。贴完以后，到这儿来找我。不要去得太久了。除了月亮没有一点东西，这儿真是冷静。

警察甲 可惜我们不能在这儿和你一道。政府应当多派一些警察到这城市里来，在监狱里，在问口供的时候，都跟着他。好罢，望你守出好结果来。

（他们退出。）

巡长 （走来走去的两三趟，并且望望告白。）一百磅，还一定升官。一百磅一定经得起一用。可惜有些安分守己的人还弄不到这一点，要来干这玩儿。

……

褴褛人 给我一根洋火，巡长。（他给他，于是点着烟斗里一筒烟。）你抽一筒吗？抽烟可以使你安定一些。现在等我替你刮一根洋火；但是你用不着转过身来。你死也不要把眼睛移开码头。

巡长 不怕，我不会的。（点着烟斗。他们两个人都抽着。）在队伍里面真是辛苦，夜了还在外面，冒种种的危险，谁来多谢你。得不了什么好处，还挨老百姓的骂。命令是只有服从，不由你选择的。要叫你去冒危险的时候，他们还问你有家小没有。

褴褛人 （唱着。）——

“我走过千山万岭，
望见更有重峦叠嶂，
和酢浆草铺满的平原；[1]
那时候我停一会儿，
看自然含笑的对着磐石和流川。
从膏腴的山谷底下，
我眼睛盯着那美人儿的容颜；
她唱着一个歌儿，
诉着可怜老葛兰纽的沉冤。”

巡长 不要唱了；这不是唱歌的时候。

褴褛人 唉，巡长，我只是唱来壮壮胆。我想起那个人来，我的心就往下坠。想起我们两个人坐在这儿，他从码头旁边爬过来，扑着我们。

巡长 你认真在望着吗？

褴褛人 是的；并且我还不要报酬。我是不是一个傻子？不过我看见一个人有困难的时候，我忍不住的要帮他过去。这是怎么回事？什么东西打我一下？

（擦擦他的心口。）

巡长 （拍拍他的肩膀。）到天堂里就会有你的报酬。

① 酢浆草为爱尔兰国徽。

褴褛人　这我知道，这我知道，巡长，但是命是抵钱的。

巡长　好，若是唱起来可以给你勇气，你就唱吧。

褴褛人　（唱着。）——

　　"她的头儿光着，

　　她的手脚绕住了铁链；

　　她哀痛的音节和凄切的哭声，

　　混杂在晚风前。

　　'我是老葛兰纽'

　　她的歌调里正含着哀艳。

　　使君王也来吻着，

　　她的嘴唇儿是这般甜……"

巡长　错了……"她穿的旗袍儿遇着血花溅。"这才对，——你掉了这句。

褴褛人　你对的，巡长，正是这样。我唱掉了。（补唱这句。）只是，想想看，像你这样的人，也知道这样的曲子。

巡长　世界上有多少东西，是一个人也许知道，但是不见得是他自己想知道的。

褴褛人　我敢说，巡长，当你小的时候，你难道不曾常常坐在墙头上，像你现在坐在木桶上一样，同一群孩子在一道，唱着《葛兰纽》这曲子吗？

巡长　那时候我正这样干过。

褴褛人　也还唱过《散冰雹》吗？

巡长　那时候我也唱。

褴褛人　也还唱过《绿上岛尖》吗？

巡长　多少曲子里面，也有这一个。

📖 原作赏析

　　格雷戈里夫人（Lady Gregory），闺名伊莎贝拉·奥古斯塔·波西（Is-abella Augusta Persse），1852 年 3 月 15 日出生于爱尔兰戈尔韦郡的家族祖宅诺克斯堡（Roxborough），自小在家中受到良好教育。1880 年嫁给年岁较长的同乡格雷戈里爵士（Sir William Henry Gregory），爵士曾任议会议员和锡兰总督，奥古斯塔也因此得名格雷戈里夫人。1892 年，丈夫去世后，格雷戈里夫人开始其文艺活动。早年她热衷于搜集爱尔兰民间故事和历史传说，并将这些故事从盖尔语原文译为英文，代表作有《缪尔塞姆的库胡林》（*Cuchulain of Muirthemne*，1902）和《诸神与斗士》（*Gods and Fighting Men*，1904）。1896 年，格雷戈里夫人在一位邻居的聚会上结识马丁和叶芝，三人决定成立爱尔兰文艺剧院（Irish Literary Theater）。后来由于艺术观念的分歧，马丁退出剧院，1902 年，格雷戈里夫人和叶芝等人以爱尔兰文艺剧院为基础，创建爱尔兰民族戏剧社（Irish National The-ater）。这一时期，格雷戈里夫人一方面和叶芝一起整理爱尔兰民间故事，另一方面也协助叶芝写作戏剧，比如《凯瑟琳·尼·胡力罕》（*Cathleen Ni Houlihan*）就是两人合作的戏剧。1904 年，在艺术赞助者霍尼曼小姐的资助下，阿贝剧院（Abbey Theater）正式成立。格雷戈里夫人成为管理者和戏剧导演，1911 年霍尼曼小姐不再资助阿贝剧院，格雷戈里夫人等便买下剧院并成为实际的资产持有人。格雷戈里夫人在 20 世纪初开始创作自己的戏剧，使用的是当地所谓吉尔塔塔方言（Kiltartanese），这是英爱方言的一种。格雷戈里夫人家的库勒庄园（Coole Park），成为叶芝等艺术人士的庇护所，他们可以长年在此休息、创作，1932 年格雷戈里夫人亦逝世于此。由于叶芝在中期之后的戏剧创作有趋于神秘和高深的倾向，而同时辛格的戏剧又比较沉重，因此格雷戈里夫人便创作一些轻松的短剧，以作调节。格雷戈里夫人戏剧的代表作有《七部短剧》（*Seven Short Plays*，1909）、《格拉妮娅》（*Grania*，1912）、《麦克多纳的妻子》（*McDonough's Wife*，1913）等。格雷戈里夫人戏剧的特点是对话生动，人物刻画生动，她尤其善于描写爱尔兰百姓的生活。

《月出》（*The Rising of the Moon*）是《七部短剧》中的一部。戏剧描写一位服务于英国殖民政府的爱尔兰巡长带领两名警察，来到码头边，贴出告示，准备抓捕一位逃狱的爱尔兰革命青年，奖赏是一百英镑和升职的机会。这时装扮成民谣歌手的青年——剧中直接写为"人"——来到码头，被巡长禁止下到码头坐船。青年于是和巡长抽烟聊天，并唱起爱尔兰的民谣，歌词内容来源于1789年爱尔兰起义。巡长一开始反对青年唱这些勾起人们对爱尔兰祖国热爱的民谣，后来自己也慢慢被感动，并回忆起自己年轻时候曾和伙伴唱过这些歌谣。在这一过程中，巡长也逐渐怀疑唱歌者就是那位越狱的革命人士。当革命青年唱起《当月亮升起》这首民谣时，巡长的怀疑得到了确定。在内心激烈的斗争之后，巡长决定放走这位革命青年。《月出》是格雷戈里夫人富于爱国热情的一部剧作，因为属于早期的代表作，其中使用的方言尚不是很多，再加上其中穿插的几首歌谣，该剧受到观众的极大欢迎。由于其特殊的爱国主义主题，以及主题凝练、语言欢快的独幕剧形式，《月出》早在五四新文化运动时期就被译介到了中国，而且出现一再被复译的现象。目前可考的最早译本是茅盾的《月方升》（最初发表于1919年10月10日的《时事新报》副刊《学灯》，署名"雁冰"译）。后来李健吾、黄药眠、罗家伦、王学浩等都有过翻译。此章选择的是罗家伦译本。

译文赏析

罗家伦于1897年12月21日生于江西南昌，幼时由母亲教授识字，并就读于家塾。后来其曾入传教士开办的英文夜校修习英文，17岁时考入上海复旦公学高中部，课程多是英文授课。1917年，罗家伦考入北京大学文科部，主修外国文学。受陈独秀、胡适等北大教师影响，1918年底罗家伦和傅斯年等成立"新潮社"，积极参加五四新文化运动。1918年，罗家伦和胡适合译《娜拉》（即《玩偶之家》），发表于当年的《新青年》"易卜生专号"上。在北大学习期间，罗家伦开始翻译两部学术著作《平民政治的基本原理》和《思想自由史》。1920 年秋，罗家伦先赴美留学，之后赴巴黎和伦敦游学，时间长达 6 年。在此 6 年及回国后的几年内，罗家伦除翻译上述两部学术著作外，还陆续翻译了 10 部欧美独幕剧。1931 年，罗家伦将这 10 部独幕剧合集为《近代英文独幕名剧选》，由商务印书馆出版。这 10 部独幕剧均为英语作家所作，其中就有格雷戈里夫人的《月出》。

在《近代英文独幕名剧选》的正文之前，罗家伦写了一篇《序》，其中阐明了自己对于选择英语独幕剧进行翻译的标准：文艺上有价值；原剧背景可以为国人所了解并能在国内排演；俚语不多；原文必须以英文写成。《月出》即完全符合这些标准，尤其是第三条，该剧中几乎没有使用任何英文俚语[①]。在全部戏剧中，爱尔兰作家是与英国、美国作家并列的，可以见出其重要性。总体来看，罗家伦翻译《月起》时以直译方法为主，而语言则使用的是白话文，而且是"杂以北平普通话话尾的"白话文。例如原文的开头部分：

Sergeant, who is older than the others, crosses the stage to right and looks down steps. The others put down a **pastepot** and unroll a bundle of placards

罗家伦译文：

巡长的年纪比二个警察大一点，走过台前面到右边，望着下面的踏步。二个警察把一个**浆糊桶子**放下来，摊开一卷告白。

---

① 罗家伦：《近代英文独幕名剧选·序》，上海：商务印书馆，1931 年，第 1 页。

对读原文和译文，可以看出，无论在语言的顺序，还是在语言的意义上，译文完全遵从原文。在词语结构上，罗家伦的译文虽然完全遵从原文语序，但读来并非拗口的"欧化"译文。而在意义上，罗译没有增译，也没有减译，原文意义得到完整传达。值得注意的是，罗家伦用"浆糊桶子"来对应原文的 pastepot，除了意义传达无余之外，"桶子"的说法还是罗家伦自己所说的"北平普通话话尾"。

我们可以来比较一下这一段原文的其他译本。

李健吾译文：

巡官，比其余人都老，从台上往右走，向下看着台阶。其余人放下一个浆糊锅，展开一卷告白①。

王学浩译文：

巡长，比其余两人年纪大些，踱到舞台右边，向阶梯下望。其余两人放下了浆糊桶，打开一卷拿在手里的布告②。

上述两个译本也基本以直译为主，在字数上，王译要稍多一点，即最后一句中王译比罗译、李译多了"拿在手里的"五个字，这一层意思在原文中没有，应该是王译加的。另外，罗译和李译都将 stage 译为"台"，王译则明确指出为"舞台"。另外一个不同点是，罗译明确指出"其余的两人"为警察，李译、王译则只是说"其余的人"，我们认为明确指出要好，因为突出警察身份，为后来警察与革命者的冲突铺垫气氛。

---

① 格雷戈里夫人著，李健吾译：《月亮的升起》，《清华周刊》，1927年第27卷第12期，第637页。本文所引李健吾《月亮的升起》均出自此译文。

② 王学浩：《世界独幕剧·第一集》，上海：新民出版印刷公司，1933年，第75页。本文所引王学浩《明月东升》均出自此译文。

如上所述，格雷戈里夫人戏剧的长处之一在于生动的对话，我们来看看选段中最后一部分的对话：

SERGEANT　There's many a thing a man might know and might **not have any wish for**.

MAN　Now, I daresay, sergeant, in your youth, you used to be sitting up on a wall, the way you are sitting up on this barrel now, and the other lads beside you, and you singing "Granuaile"?...

SERGEANT　I did then.

MAN　And the "Shan Bhean Bhocht"?...

SERGEANT　I did then.

MAN　And the "Green on the Cape?"

SERGEANT　That was one of them.

罗家伦译文：

巡长　世界上有多少东西，是一个人也许知道，但是**不见得是他自己想知道的**。

褴褛人　我敢说，巡长，当你小的时候，你难道不曾常常坐在墙头上，像你现在坐在木桶上一样，同一群孩子在一道，唱着《葛兰纽》这曲子吗？

巡长　那时候我正这样干过。

褴褛人　也还唱过《散冰雹》吗？

巡长　那时候我也唱。

褴褛人　也还唱过《绿上岛尖》吗？

巡长　多少曲子里面，也有这一个。

对读原文和译文，可以发现，罗家伦基本完整地传达了原文的意义，没有增补，也没有删减。这对于翻译来说，也许应该是最为重要的一条原则。但是戏剧毕竟是文学的一种，其有着非常的特殊性。罗伯特·弗罗斯特说，"诗是翻译中失去的东西"，言下之意文学作品，尤其是诗，几乎不可能由另外一种语言翻译得出来。但从另一个角度来看，不同文化之间的交流是必要且必须的。即如上文而言，格雷戈里夫人所写的对话中有长有短，贴合剧情发展的需要，显得灵活生动。而罗家伦的译文也不遑多让。以"不见得是他自己想知道的"来翻译原文的 might not have any wish for，是对原文的精确理解，也把巡长的身份冲突（一方面是爱尔兰人，另一方面又在为英国殖民政府服务）凸显得淋漓尽致。另外，罗家伦设法让自己的译文灵活而不重复，例如原文中巡长两次说 I did then，罗家伦则分别译为"那时候我正这样干过"和"那时候我也唱"。再者，罗家伦也使用了归化的译法，原文中第二首民谣题目叫"Shan Bhean Bhocht"，是一个人物的名字，而罗家伦将其译为《散冰雹》，猜测应该不是误译，而是中国近现代一种民间戏曲的曲目。

此外，《月起》一剧以激扬爱国热情的几首民谣作为剧情穿插的关键，对于歌曲的处理，也能看出译者的特色来。例如歌唱《葛兰纽》的那首歌谣：

As through the hills I walked to view the hills and shamrock plain, I stood awhile where nature smiles to view the rocks and streams, On a matron fair I fixed my eyes beneath a fertile vale, As she sang her song it was on the wrong of poor old Granuaile.

罗家伦译文：

我走过千山万岭，
望见更有重峦叠嶂，

　　和酢浆草*铺满的平原；

　　那时候我停一会儿，

　　看自然含笑的对着磐石与流川。

　　在膏腴的山谷底下，

　　我眼睛盯着那美人儿的容颜；

　　她唱着一个歌儿，

　　诉着可怜老葛兰纽的沉冤。

　　（*酢浆草为爱尔兰国徽）

　　我们先来看形式。原文是四行民谣歌曲，每一行比较长，罗家伦将每一行分行，基本上以译文的两行来对应原文的一行（第一行例外，译文有三行）。而且以诗歌的形式将译文分行，就能够很明显地显示出这是歌谣的形式。此外，原文一、二行不押韵（plain, streams），三、四行大致押韵（vale, Granuaile）。但是罗家伦考虑到歌谣的特点之一就是押韵，因此在译文中的大行结尾处做了押韵（原、川、颜、冤，押 ɑn 韵）。其次，在内容上，译文也较好地传达了原文意义，部分词语的使用富有诗意。例如以"千山万岭""层峦叠嶂"来翻译原文的 hills，且不重复；"铺就"是增译，原文无此，但增译之后，意思通畅；"磐石和流川"，对应原文的 rocks and streams，比一般用语"石头和小溪"要有诗意；"膏腴的"对应原文的 fertile（词意是"肥沃的"）；"诉着……沉冤"，较好地表达了原文中 on the wrong of 的意思，因为"葛兰纽"是关于 1789 年爱尔兰起义的人物，那次起义本来有法国舰队支持，但由于风暴在海上刮起，法国舰队无法靠近爱尔兰海岸，失去法援的爱尔兰志士还是决定发动起义，但最终被英国殖民者残酷镇压。由这一事件而诞生了许多抒情感人的民谣，《月起》的几首民谣即是如此。到了格雷戈里夫人写这出戏剧的时候，已经是100 多年后，因此"沉冤"的译文确实令整体增色不少。

　　除了上述特点外，我们还注意到译文中有"一会儿""美人儿""歌儿"等词语，这些词语都带了儿化音的"儿"字，不正就是罗家伦自己所说的"北平普通话话尾"吗？另外，在这首民谣译文中，罗家伦还专门做了一个脚注"酢浆草为爱尔兰国徽"。"酢浆草"的原文为 Shamrock，现今一般译为"三叶草"，罗家伦称其为"爱尔兰国徽"不太准确，一般认为三叶草是爱尔兰国花，或者是爱尔兰的象征。据说爱尔兰的守护者圣帕特里克（St. Patrick），同时也是据说将基督教传入爱尔兰的圣人，他最先将三叶草选为爱尔兰基督教的象征，因为他认为同一片三叶草上的三片小叶子代表着神圣的"三位一体"（Trinity）。在戏剧翻译中作注，是值得讨论的一个话题。在翻译中，诗歌和小说的翻译对象一般是阅读者，而戏剧的翻译一般来说是为了演出，其对象多是观众。翻译的剧本一般是为了方便演员演出，这样一来，做太多的注释，可能会影响演员背诵台词。但是对于戏剧中一些关键的词语、文化现象等，如果能有简明扼要的注释，就能较好地使演员和一般读者体会戏剧的核心和精神。

　　戏剧的翻译，当然以台词为最多，但是除了对台词的翻译外，戏剧中诗歌（包括无韵脚的素体独白）的翻译是最能考验译者功力的。我们也可以将李健吾和王学浩翻译的上述民谣录在此处，以作对比。

　　李健吾译文：

　　　　我走在山里，望山野青青，酢浆遍地；
　　　　我痴立无言，望彼石与湍，莞尔天地；
　　　　我凝目下望，四谷洵郁葱，有美何静娴；
　　　　伊美慷慨歌，哀歌多怨诃，彼穷劳之葛兰。

　　王学浩译文：

　　　　正如我穿山过岭，遥望着莽原，

　　　　停留在山水明媚的地方，

　　　　丰谷下我凝视一位美丽的姑娘，

　　　　她在歌唱，唱着葛兰哀的荒唐。

　　李健吾的译文采用了中国传统中近似楚辞体的语言，颇有古风，意思也传递得比较完整。而王译则比较口语化，而且原文第一行中的三叶草没有翻译出来，原文第二行中的 nature smiles 也没有译出，译文中第四行的"荒唐"则是误译，译者可能是为了与前几行的"方、娘"押韵，但是wrong 在原文中显然不是"荒唐"的意思。李健吾在翻译《月亮的升起》时，尚是 21 岁的大学生，从上面这段谣曲的翻译来看，虽然整体上使用文言，意思也较为完整，但仍显得稚嫩。后来李健吾在创作戏剧的同时，也翻译欧美文学作品，尤其是法国作家作品，形成了一套自己对于翻译的看法，那就是要有"艺术家的心志"，要能够用持久的恒心和恒力"将原作用另一种语言忠实而完美地传达出来"。①

　　值得注意的是，在《月起》一剧译文中，罗家伦还采用了"归化"的翻译方法，即将原文中一些重要的文化信息，并未按照原文字面意思进行翻译，而是处理成富于中国文化特色的译文。例如在选段中革命者唱的民谣中有一句：Her gown she wore was stained with gore。gore 本义指流血，但并非一般情况下的流血，而是指在暴力情境下如参加战争时所流的血，在原文中有暗示英国殖民者对爱尔兰百姓的残酷镇压的作用。罗家伦将这一句译为"她穿的旗袍儿遇着血花溅"。"血花溅"的意象，将镇压者的残酷形象逼真地描绘出来。值得注意的是"旗袍儿"的译文，原文是 gown，即外套、长衣，但是译文明显属于归化译法，因为"旗袍儿"是中国近代出现的极富民族特色的服饰，为他国所无。另外，罗家伦还将革命者对巡长的称呼 your honour 译为"老总"，革命青年手中拿着的 bundle of bal-

---

　　① 李健吾：《中国近十年文艺界的翻译》，《认知周报》，1929 年第 5 期。

lads（"一本民谣歌曲集"）译为"一卷曲本"，其中一首民谣中的 daughter
被译为"娇娃"等等，也是归化译法的例子。

总体来看，罗家伦的译本以直译为主，较好地做到了对原文意义的传
达。同时为了使观众对剧情有更加深入的理解，采取了归化的翻译方法。
另外，为了照顾演出的需要，他使用了不少的"北平普通话语尾"，比如
儿化音，就突出了译文的口语化色彩，使得演出更加方便。

思考与阅读

由于篇幅的限制，我们无法将《月起》的完整原文和译文全部呈现出
来，但是选文也足以让人管窥一豹。格雷戈里夫人的戏剧，与叶芝和辛格
的戏剧相比，有哪些不同？我们可以将本书的三章选篇进行比较阅读，再
结合各个章节中的分析，得出一个大致的轮廓。但是要想真正地把握格雷
戈里夫人戏剧的精髓，还得大量阅读其剧作。此外，格雷戈里夫人是爱尔
兰文艺复兴戏剧运动中少见的懂盖尔语的作家，叶芝早期搜集的不少民间
故事和历史传说，都是由格雷戈里夫人翻译过来的。格雷戈里夫人常年居
住的戈尔韦郡有一种当地方言——吉尔塔塔，是融合了盖尔语的英语方
言，这一点值得注意，尤其是其后期的作品中，这种方言的使用更为频
繁。那么方言在戏剧中的使用有哪些作用呢？

罗家伦在中国近现代史上多以教育家闻名，而实则其翻译的文字也不
少，目前学界关于其翻译的讨论尚不多。罗家伦除翻译政治思想著作外，
还钟情于英语独幕剧，这有什么特殊的原因吗？

以下是我们推荐的一些基础读物。

（1）Lady Gregory. *Seven Short Plays by Lady Gregory*. New York and
London: The Knickerknocker Press, 1915.

（2）罗家伦：《近代英文独幕名剧选》，上海：商务印书馆，1931 年。

（3）格雷戈里夫人：《月亮的升起》，李健吾译，《清华周刊》，1927

年第 27 卷第 12 期。

（4）王学浩编译：《世界独幕剧·第一集》，上海：新民出版印刷公司，1933 年。

（5）周豹娣编著：《独幕剧名著选读》，上海：上海书店出版社，2011 年。

（6）安凌：《重写与归化：英语戏剧在现代中国的改译和演出（1907—1949）》，广州：暨南大学出版社，2015 年。

（7）张晓京：《近代中国的"歧路人"——罗家伦评传》，北京：人民出版社，2008 年。

（8）罗久芳：《我的父亲罗家伦》，北京：商务印书馆，2013 年。

第五章　叶芝《沙漏》
（茅盾译）

There are two living countries,

The one visible and the one invisible;

And when it is winter with us it is summer in that country,

And when the November winds are up among us it is

lambing-time there.

——*The Hour Glass*

人居之邦有二，

一可见，一不可见。

此邦为冬则彼邦为夏。

吾人之地，朔风起时，

彼邦正乳羊放牧时也。

——《沙漏》

The Hour Glass (A Morality)

——William Butler Yeats

(*In Prose*)

PERSONS IN THE PLAY

A Wise Man   A Fool

Some Pupils   An Angel

The Wise Man's Wife and Two Children

A large room with a door at the back and another at the side opening to an inner room. A desk and a chair in the middle. An hour-glass on a bracket near the door. A creepy stool near it. Some benches. An astronomical globe perhaps. Perhaps a large ancient map of the world on the wall or some musical instruments. Floor may be strewed with rushes. A Wise Man sitting at his desk.

WISE MAN [*Turning over the pages of a book.*] Where is that passage I am to explain to my pupils today? Here it is, and the book says that it was written by a beggar on the wall of Babylon: 'There are two living countries, the one visible and the one invisible; and when it is winter with us it is summer in that country, and when the November winds are up among us it is lambing-time there.' I wish that my pupils had asked me to explain any other passage. [*The Fool comes in and stands at the door holding out his hat. He has a pair of shears in the other hand.*] It sounds to me like foolishness; and yet that cannot be, for the writer of this book, where I have found so much knowledge, would not have set it by itself on this page, and surrounded it with so many images and so many deep colours and so much fine gilding, if it had been foolishness.

FOOL Give me a penny.

WISE MAN [*Turns to another page.*] Here he has written: "The learned in old times forgot the visible country." That I understand, but I have taught my learners better.

FOOL Won't you give me a penny?

WISE MAN What do you want? The words of the wise Saracen will not teach you much.

FOOL Such a great wise teacher as you are will not refuse a penny to a Fool.

WISE MAN What do you know about wisdom?

FOOL O, I know! I know what I have seen.

WISE MAN What is it you have seen?

FOOL When I went by Kilcluan, where the bells used to be ringing at the break of every day, I could hear nothing but the people snoring in their houses. When I went by Tubber-vanach, where the young men used to be climbing the hill to the blesses well, they were sitting at the cross-roads playing cards. When I went by Carrigoras, where the friars used to be fasting and serving the poor, I saw them drinking wine and obeying their wives. And when I asked what misfortune had brought all these changes, they said it was no misfortune, but it was the wisdom they had learned from your teaching.

WISE MAN Run round to the kitchen, and my wife will give you something to eat.

FOOL That is foolish advice for a wise man to give.

WISE MAN Why, Fool?

FOOL What is eaten is gone. I want pennies for my bag. I must buy bacon in the shops, and nuts in the market, and strong drink for the time when the sun is weak. And I want snares to catch the rabbits and the squirrels and the hares, and a pot to cook them in.

WISE MAN Go away. I have other things to think of now than giving you pennies.

FOOL Give me a penny and I will bring you luck. The fishermen give me leave to sleep among the nets in their lofts in the winter-time, because they say I bring them luck; and in the summer-time the wild creatures let me sleep near their nests and their holes.

WISE MAN Though they call him Teigue the Fool, he is not more foolish than everybody used to be, with their dreams and their preachings and their three worlds; but I have overthrown their three worlds with the seven sciences. [*He touches the books with his hands.*] With Philosophy that was made from the lonely star, I have taught them to forget Theology; with Architecture, I have hidden the ramparts of their cloudy Heaven; with Music, the fierce planet's daughter whose hair is always on fire, and with Grammar that is the moon's daughter, I have shut their ears to the imaginary harpings and speech of the angels; and I have made formations of battle with Arithmatic that have put the hosts of Heaven to the rout. But, Rhetoric and Dialectic, that have been born out of the light star and out of the amorous star, you have been my spearman and my catapult! O! my swift horsemen! O! my keen darting arguments, it is because of you that I have overthrown the hosts of foolishness! [*An Angel, in a dress the colour of embers, and carrying a blossoming apple bough in her hand and a gilded halo about her head, stands upon the threshold.*] Before I came, men's minds were stuffed with folly about a Heaven where birds sang the hours, and about angels that came and stood upon men's thresholds. But I have locked the visions into Heaven and turned the key upon them. Well, I must consider this passage about the two countries. My mother used to say something of the kind. She would say that when our bodies sleep our souls awake, and that whatever withers here ripens yonder, and that harvests are snatched from us that they may feed invisible people. But the meaning of the book may be different, for only fools and women have thoughts like that; their thoughts were never written upon the walls of Babylon. [*He sees the Angel.*] What are you? Who are you? I think I saw some that were like you in my dreams when I was a child— that bright thing, that dress that is the colour of embers! But I have done with dreams, I have done with dreams.

ANGEL　　I am the Angel of the Most High God.

WISE MAN　　Why have you come to me ?

ANGEL　　I have brought you a message.

BRIDGET　 [*Wiping her arms in her apron and pulling down her sleeves.*] It's a hard thing to be married to a man of learning that must be always having arguments. [*Goes out and shouts through the kitchen door.*] Don't be meddling with the bread, children, while I'm out.

WISE MAN　 [*Kneels down.*] 'Confiteor Deo Omnipotenti, beatae Mariar-salvum-salvum...' I have forgotten it all. It is thirty years since I have said a prayer. I must pray in the common tongue, like a clown begging in the market, like Teigue the Fool! [*He prays.*] Help me, Father, Son and Spirit!

[*Bridget enters, followed by the Fool, who is holding out his hat to her.*]

FOOL　　Give me something; give me a penny to buy bacon in the shops, and nuts in the market, and strong drink for the time when the sun grows weak.

BRIDGET　　I have no pennies. [*To the Wise Man.*] Your pupils cannot find anybody to argue with you. There is nobody in the whole country who has enough belief to fill a pipe since you put down the monk. Can't you be quiet now and not always wanting to have arguments? It must be terrible to have a mind like that.

WISE MAN   I am lost! I am lost!

BRIDGET   Leave me alone now; I have to make the bread for you and the children.

WISE MAN   Out of this, woman, out of this, I say! [*Bridget goes through the kitchen door.*] Will nobody find a way to help me! But she spoke of my children. I had forgotten them. They will not have changed. It is only those who have reason that doubt; the young are full of faith. Bridget, Bridget, send my children to me.

BRIDGET   [*Inside.*] Your father wants you; run to him now.

[*The two Children come in. They stand together a little way from the threshold of the kitchen door, looking timidly at their father.*]

WISE MAN   Children, what do you believe? Is there a Heaven? Is there a Hell? Is there a Purgatory?

FIRST CHILD   We haven't forgotten, father.

THE OTHER CHILD   O no, father. [*They both speak together as if in school.*] There is nothing we cannot see; there is nothing we cannot touch.

《沙漏》

茅盾　译

布景　一个大房间，后壁有个门，又有一扇边门，通另一个室。房中有个书桌和一张椅子。近门的一个镜架上，置有一个记时刻的沙漏。近镜架放着一个脚踏。有几条板凳。智叟即坐在书桌边。

智叟　（把一本书一页一页的翻过去。）今天我要讲给学生们听的一页哪里去了？来了，就是这一页，照书上说，这是一个乞丐写在巴比伦墙上的：

"人居之邦有二，一可见，一不可见。此邦为冬则彼邦为夏。吾人之地，朔风起时，彼邦正乳羊放牧时也。"这一节不容易，我情愿学生们教我另外解说一节罢。（愚公进来，立在门口，一手持帽直伸，他手执了一把大剪子。）我瞧这些话有些傻气；但是又决不会，我靠这本书得了那许多知识，而且要是真有傻气的话，编这部书的著作家也不肯把他放在这一页里，又加上这许多像，这许多深颜色，这许多精致的金边了。

愚公　给我一个便士呀。

智叟　（又翻过一页。）这里又写道："古来学者皆忘此能见之邦矣。"这话我懂，但是我教给学生们还要好些。

愚公　你不给我一个便士么？

智叟　你要什么？聪明亚剌伯人的话，不会多教给你。

愚公　像你这样的大聪明教师，将不致拒绝愚公讨一个便士。

智叟　你晓得些什么的"聪明"？

愚公　唉！我晓得！我凡见过的都晓得。

智叟　你见过了些什么呢？

愚公　当我走过瞿尔伦的时候，不听得那醒人迷梦的晓钟，只听得睡在屋子里的人打鼾。当我沿了土贝尔文拿走，不见那些青年们爬过山到圣井，却见他们坐在十字路口玩纸牌儿。当我沿了卡列哥拉走，不见那些托钵僧饿了自己去饲穷人，只见他们喝酒，怕老婆。我问他们碰见了什么恶星，会变到如此，他们说，这不是恶星，这是从你学得的聪明。

智叟　到厨房里去罢，我妻将给些可吃的东西与你。

愚公　这是聪明人给的笨教训。

智叟　什么，笨？

愚公　可吃的吃了便没有了。我要的是便士，藏在袋儿里。待到太阳光衰弱时，我好向铺子里买腌肉，向市场上买干果，向市头买酒。我又要一个网儿捉家兔儿，野兔儿和松鼠儿，再要一个瓦罐儿盛着了煮。

智叟 走罢。我没空儿给你便士，我现在还有旁的事情要思量。

愚公 给我一个便士，我降福于你。渔翁布莱塞曾许我于冬天睡在他那挂满鱼网的阁子里，因为我说降福于他；野禽儿和野兽儿也许我于夏天睡在他们巢穴的左近，因为我说降福于他们。

智叟 虽然大家都呼他愚公铁牛，实在他比那些做梦的，传道的，三个世界的，也不见得更愚些，但我已经用了七种科学推翻他们的三个世界。（手拍着书本子。）用地上独有的哲学，我教他们忘却神学；用雕刻术，我将他们的多云天的堡垒给遮住了；用了音乐——那是凶暴行星的女儿，头发常在火上的——和文法——那是月球的女儿，我把他们听天乐和安琪儿说话的耳朵，给闭住了；我又用算学来做作战方式，将天的军队打个大败。但是，修辞学和论理学啊，你们是从明星内发出，从可爱的星内发出，你们是我的长枪兵是我的飞石车！呵！我的飞快的马队！呵！我的大胆的尖利的辩论！我全靠了你，才能够打倒那些愚事的军队！（一个安琪儿，穿火灰色的衣服，手里拿一梗带花的苹果树枝，头上有灵光一圈。）我来之前，众人心里都充满了愚事，以为有一个天，天鸟唱"早归"，有安琪儿，立在人的门首，但是我，把向天的幻影闭断，拆穿了秘钥。得啦，我定得考虑这两页讲两个邦土的文字了。我母亲常说这一类的话。伊竟会说，我们肉体睡时，我们灵魂是醒的，这里无论怎样荒歉，那儿许是丰年，我们的收获给夺了，也许他们将去喂看不见的人。但这本书上所说的两个邦国，意思一定不同，因为只有愚人和女人们是那么想；他们的思想，决不会写到巴比伦的墙上的。（他瞧见了安琪儿了。）你是什么？你是谁？我想，我小时做梦，曾见过几个像你一般的人——有那光亮的东西和火灰色的衣裳！我现在是做梦罢，我现在是做梦罢？

安琪儿 我是上帝的安琪儿。（安琪儿是天使的意思，译者注。）

智叟　你为什么到我这里？

安琪儿　我带一个信息给你。

勃丽格　（用围裙拭了拭臂膀，放下袖子。）嫁个有学问人真麻烦，时常要有辩论。（出去，又对厨房门喊道。）孩儿们，我走开时，你们别动那面糊呀。

智叟　（跪下。）"Salvum me fac, Deus-Salvum-Salvum..."（按此是拉丁语祈祷词。）我统统忘记了。我不念祈祷词有三十年了。我只得用平常话来祷告了，和一个沿街乞食的小丑一样了！和愚公铁牛一样了！（他祷告。）圣父救我，圣父，圣子，诸位大神！（勃丽格进，愚公跟在后面，伸出帽子，向伊讨钱。）

愚公　给我些东西罢；给我一个便士到铺子里买腌肉，市场上买干果，太阳光衰弱的时候买酒喝。

勃丽格　我没有便士（对智叟说），你的生徒们，找不到什么人来和你辩论。自从你驳倒那和尚之后，村子里人没有一个自信能和你辩论。你现在不好好静静儿息一下，不要时常找人辩论么？你这样的多心是可危的。

智叟　我完了！我完了！

勃丽格　不要再来缠罢；我还得为你和孩子们做面包呢。

智叟　给我走罢，婆娘，给我走罢，我说！（勃丽格进厨房门。）难道没人找个法子救我么？伊倒说起孩子们。我差一些忘了他们。他们许是信神的。只是那些有理性的才有疑心；小的们满心是信仰。勃丽格，勃丽格，叫我的孩子们到我这儿来。

勃丽格　（在内。）你们的爷要你们呢；跑到他那里去。（两个孩子进来，一并立着，距厨房门不远，很畏怯的看着他们的父亲。）

智叟　孩子们，你们信的是什么？有天么？有地狱么？有悔罪所么？

第一孩 爸爸，我们还没有忘记呢。

第二孩 爸爸，呵，没有忘记。（两人同声说，如在书房念书一般。）没有天；没有地狱，除了我们眼能见的，更没有东西。

📖 原作赏析

1865年6月13日，叶芝（William Butler Yeats）出生于爱尔兰都柏林，其家族祖先多担任教职，薄有地产，而其外祖家为新兴的商人阶级，此两类人群组成了爱尔兰近代历史上的统治阶层，名为"优势阶层"（Ascendency）。叶芝父亲放弃祖传职业，先学法律，后学艺术，家境也逐渐衰落。青少年时期叶芝随父母来回在伦敦、都柏林之间接受教育，假期则经常随母亲去到外祖家，喜欢外祖家仆人所讲的精灵故事。1884年，叶芝入都柏林首府艺术学校，并开始从事文学创作。1889年，其发表第一部诗集《乌辛漫游记及其他》，并相继创作《凯瑟琳女伯爵》等戏剧。1897年叶芝与格雷戈里夫人、马丁和摩尔等成立爱尔兰文艺剧院（Irish Literary Theater），发愿创作爱尔兰特色的戏剧，由于戏剧观念的不同，马丁和摩尔相继退出。在爱尔兰文艺剧院的基础上，1902年叶芝等人成立爱尔兰民族戏剧社（Irish National Theater Society），标志着爱尔兰民族戏剧运动的开始，也成为叶芝等人领导的爱尔兰文艺复兴运动的重要部分。1904年，热爱戏剧的霍尼曼女士出资买下一座旧剧院及其周边设施，改造为一座崭新的剧院，取名阿贝剧院（Abbey Theater），供"爱尔兰人演出爱尔兰作家创作的爱尔兰戏剧"。阿贝剧院成为爱尔兰文艺复兴戏剧运动的中心，叶芝执掌其演出多年。1923年爱尔兰除北部6郡外成立自由邦，叶芝当选参议员，并于同年获诺贝尔文学奖。晚年叶芝到欧洲大陆休养，并逝世于法国。叶芝一生以诗人、戏剧家名世，共创作出《苇间风》《在那七片树林中》《责任》等十余部诗集，有名的诗作有《当你老了》《驶向拜占庭》《再度降临》《1916年复活节》《丽达与天鹅》等。而在戏剧方面，叶芝也创作了《心愿之乡》《凯瑟琳·尼·胡力罕》《沙漏》《在倍勒沙滩》

《库胡林之死》等名剧。瑞典皇家学院诺贝尔奖评审委员会对叶芝获奖的评语是"他那永远富有灵感的诗歌，以一种高度艺术的形式表现了一整个民族的精神"。

《沙漏》（*The Hour Glass*）最早是叶芝以散文（in prose）的形式在1903年创作的戏剧，后来在1914年叶芝将其改写为诗剧（in verse）。该剧讲述一位智者，正在准备给小学生们讲授书上的一段话，他自以为自己教得比书本好。这时来了一位愚公，向他讨一个便士，两人之间就什么是智慧展开了对话。愚公说他看见牧师和百姓因了智者的教诲，已经放弃了之前的宗教虔诚和仪式。愚公说自己经常见到天使，而智者自以为是，说自己教百姓们把耳朵闭住，不去听那些所谓的"想象的天使声音"。正在这时，天使出现并告知智者他会在一个小时内死去，因为自从他来到这个地方之后再也没有灵魂穿过天国的门槛。智者慌忙求情不已，天使说如果智者能在沙漏漏完之前找到一个有信仰的人，那智者还可以在数年的炼狱之后去到天国。智者慌忙把孩子、学生、妻子等人叫来询问，学生们没有一个信仰者，妻子说只信丈夫说的，孩子则记住了父亲的教诲，那就是没有天堂也没有地狱。而只有愚公相信那"惩罚的火狱""涤荡的火狱"和"灵魂永恒享受的火狱"，也就是说只有愚公是有完全信仰的人，可他的到来已经为时已晚。智者临死前请求愚公祈祷而得到"记号"，以便让孩子们得救。一般认为，在爱尔兰文艺复兴戏剧三大作家（叶芝、格雷戈里夫人、辛格）中，辛格的艺术成就最高，叶芝的贡献在于兴起戏剧运动和推介新兴作家。此外，叶芝有着自己独特的戏剧观。首先，叶芝反对亚里士多德以降戏剧以动作和性格为主的观念，反而认为戏剧的本质在于"言语"。因为少了动作和性格描写，叶芝的不少戏剧难以付诸演出，田汉称其为"读的戏曲 Lessdrama"（《爱尔兰近代剧概论》）。这从《沙漏》一剧也可以看出，该剧几乎没有任何戏剧性动作或情节，人物性格也一目了然。此外，叶芝的不少戏剧是凯尔特文化的集中体现。不同于欧洲大陆文化近代以来主张理性的传统，凯尔特文化尊重情绪与直观。《沙漏》一剧即是这方面的代表作。在剧中，智者显然象征的是物质世界或理性世界，愚公象征的是精神世界或灵性世界。智者相信只有在理智中才能学到真理，眼睛看不见耳朵听不见的都不能相信。这种理性主义也是一种怀疑主义，因此他的学生中没有一个是有信仰的。而愚公则经常梦见那灵的世界，他才是一个有坚定信仰的人。叶芝这部戏剧的主旨在于讽刺那些只有理智的智者实际上是"愚公"，而虽然身为愚公但只要不失去直观与信仰之力，才是真正的"智者"。

译文赏析

　　本章所选译文来自茅盾翻译的《沙漏》。茅盾，原名沈德鸿，字雁冰，后来在写作小说《蚀》三部曲时使用"茅盾"的笔名。1896 年 7 月 4 日，茅盾出生于浙江桐乡。5 岁时，茅盾由父亲选择教材、母亲亲自教授发蒙，8 岁入小学，10 岁父亲去世，茅盾和弟弟由母亲抚养长大。茅盾后来升入植材小学，并开始学习英文，13 岁时考入湖州府中学，英文、国文进步迅速。后相继转入嘉兴府中学堂、杭州私立安定中学，1913 年考取北京大学预科。在预科的 3 年学习中，英语是茅盾的主科，在外籍教师的指导下，茅盾非常系统地阅读了大量的外国文学作品，如司各特的《艾凡赫》、笛福的《鲁滨逊漂流记》等。1916 年茅盾自北大预科毕业，经亲友介绍进入商务印书馆英文部工作，不久即从英文部调入编译所，自此开启了其硕果累累的翻译事业。茅盾翻译的第一批作品是美国作家卡本脱的《衣·食·住》，用文言翻译。后来茅盾也被抽调从事杂志编辑和管理工作，其翻译活动日益频繁。1918 年茅盾开始翻译戏剧作品，1919 年 10 月 10 日茅盾翻译的格雷戈里夫人戏剧《月方升》刊载于《时事新报》副刊《学灯》。到 1923 年，茅盾一共翻译了格雷戈里夫人的 6 部剧作，除《月方升》外，还有《市虎》（*Spreading the News*）、《海青·赫佛》（*Hyacinth Harvey*）、《旅行人》（*The Traveling Man*）、《乌鸦》（*The Jackdaw*）和《狱门》（*The Goal Gate*）。这 6 部剧作全部来自格雷戈里夫人早期作品的代表集《七部短剧》（*Seven Short Plays by Lady Gregory*），茅盾没有翻译的那部戏剧名为《工厂监工》（*The Workhouse Ward*）。茅盾应该是最早将格雷戈里夫人戏剧译介到中国的译者。1920 年初，茅盾翻译了叶芝的戏剧《沙漏》，刊载于 3 月 10 日的《东方杂志》。就笔者搜索所及，茅盾也是中国现代最早翻译叶芝戏剧者。此外，就爱尔兰文艺复兴戏剧而言，茅盾还翻译过唐萨尼（Lord Dunsany）的独幕剧《遗帽》（*The Lost Silk Hat*），并撰有长文《近代文学的反流——爱尔兰的新文学》对爱尔兰文艺复兴运动进行介绍和评论。19 世纪 20 年代是茅盾翻译的鼎盛时期，从翻译叶芝、格雷戈里夫人等爱尔兰戏剧可以看出，这一时期茅盾翻译的外国作品体裁多样，尤其关注被压迫和弱小民族的文学。根据《茅盾译文全集》的统计，茅盾一生共翻译了 226 篇外国作品，原文作者多达 131 位，来自 37 个不同的国家。在现有关于茅盾的翻译研究中，几乎很少涉及其对爱尔兰文艺复兴戏剧作家的翻译。

　　在翻译《沙漏》之前，茅盾曾在《学生杂志》上发表过一系列介绍欧美戏剧家的文章，其中就有叶芝的。茅盾认为叶芝的《沙漏》是一部象征主义戏剧，叶芝反对那"诈伪的、人造的、科学的、可得见的世界"，主张"绝圣弃智"。[①]叶芝反对怀疑，认为"怀疑是理性的知识遮蔽了直觉的知识"，理性追求的是看得见的世界，这就是《沙漏》里那位智叟的观点，以致他带的学生都持这一观点。而只有愚公代表的是那直觉的知识，有赤子般的信仰，这在叶芝看来，才可以得到真正的知识。茅盾认为叶芝是爱尔兰文学独立的始祖，他所说的"爱尔兰文学独立"指的就是爱尔兰文艺复兴运动。茅盾指出自己之所以翻译叶芝和格雷戈里夫人等的戏剧，是为了"增加国人对于西洋文学研究的资料和常识"：

　　　　夏脱（即叶芝）是爱尔兰文学独立的始祖，他们的剧本和所

---

　　① 韦韬主编：《茅盾译文全集·第六卷·剧本二集》，北京：知识产权出版社，2005 年，第 133 页。

含的主义，到中国有没有危险，（现在常有人讲，什么有危险，什么没危险。）谁也说不定，因为民族思想改变的原因是极其复杂的，绝不是一种思想所能驱之而由一途，所以我认为无疑，略写出一些大略，并译了这篇；不过是增加国人对于西洋文学研究的资料和常识，当然不是鼓吹夏脱主义。①

从《沙漏》一剧译文整体来看，茅盾采用的基本翻译方法是直译。例如选段中所引戏剧开头的一段：

WISE MAN   It sounds to me like foolishness; and yet that cannot be, for the writer of this book, where I have found so much knowledge, would not have set it by itself on this page, and surrounded it with so many images and so many deep colours and so much fine gilding, if it had been foolishness.②

茅盾译文：

智叟   我瞧这些话有些傻气；但是又决不会，我靠这本书得了那许多知识，而且要是真有傻气的话，编这部书的著作家也不肯把他放在这一页里，又加上这许多像，这许多深颜色，这许多精致的金边了。③

---

① 韦韬主编：《茅盾译文全集·第六卷·剧本二集》，北京：知识产权出版社，2005 年，第134 页。

② William Butler Yeats. *The Collected Works of W. B. Yeats—Volume II: The Plays*, Ed. David R. Clark and Rosalind E. Clark. New York: Scribner, 2001, p. 95. 本章所选叶芝《沙漏》原文均出自此书。

③ 韦韬主编：《茅盾译文全集·第六卷·剧本二集》，北京：知识产权出版社，2005 年，第134 页。本章所选茅盾的《沙漏》译文均出自此书。

对照原文和译文，我们可以看到，原文和译文的语序除了一处不同，其他一模一样。这一处不同是，原文中的最后一句"而且要是真有傻气的话"，在语序上被提前到了译文的中间部分。这样的处理说明两个问题。首先，茅盾是以基本直译的方法来处理翻译的，因此无论从句子的顺序，还是句子的意义，茅盾几乎都是"照搬"原文。原文是一个长达 3 至 4 行的句子，由连接词来构成前后连贯，茅盾的译文几乎"复制"了原文的形式，连标点符号的使用都一样。其次，茅盾虽然主张直译为主，但并不完全绝对地坚持"亦步亦趋"，因为那样做就变成了死译，而"死译"是茅盾所反对的。因此，我们看到，茅盾在上述译文中将原文的最后一句提到了译文的中间部分，这样就更加符合汉语的表达习惯。这里面也涉及到中英两种语言的不同。在英语中，以 if 引起的条件从句位置比较灵活，可以放到句首，也可以放在句中和句尾，而放在句尾能起到一种强调的作用。在汉语中，条件句子一般是放到句首的，例如"若非一番寒彻骨，哪得梅花扑鼻香"。

我们再接着举例。例如选读中智叟问愚公何为"愚蠢"，愚公是这么回答的：

FOOL   What is eaten is gone. I want pennies for my bag. I must buy bacon in the shops, and nuts in the market, and strong drink for the time when the sun is weak. And I want snares to catch the rabbits and the squirrels and the hares, and a pot to cook them in.

茅盾译文：

愚公   可吃的吃了便没有了。我要的是便士，藏在袋儿里。待到太阳光衰弱时，我好向铺子里买腌肉，向市场上买干果，向市头买酒。我又要一个网儿捉家兔儿，野兔儿和松鼠儿，再要一个瓦罐儿盛着了煮。

同样，假如我们对读原文和译文，就会发现，无论是句子的顺序，还是句子的意义，除两处稍有不同，茅盾的译文几乎依照叶芝的原文。这两处不同分别是：一是将原文中"待到太阳光衰弱时"这个条件从句提前了，二是原文中抓动物的顺序家兔、松鼠、野兔在译文中变为家兔、野兔、松鼠。茅盾的这两处翻译处理，进一步使译文更加符合汉语的表达习惯。从茅盾的这一翻译处理来看，还是体现了他以直译为主、适当灵活的翻译策略。此外，在茅盾的译文中，还有两处值得特别注意的地方。首先，在语气上，茅盾的译文显得比较口语化，这体现出茅盾试图还原叶芝原文的努力。一般认为，在语言上，叶芝与格雷戈里夫人、辛格不同。格雷戈里夫人和辛格擅长在戏剧中使用爱尔兰中西部乡村百姓的方言，这种英—爱方言是一种掺杂了盖尔语思维和词汇的特殊英语。叶芝不懂盖尔语，也很少使用这一方言。在《沙漏》一剧中，为了反衬智叟说话的文绉绉，愚公的话是比较口语化的（即便不是爱尔兰乡间那种英爱方言）。为了还原这种口语特色，茅盾使用了不少的"了"（如吃了、没有了、盛着了）等口头词语，尤其是大量使用"儿"化音词语，如"袋儿、网儿、家兔儿、野兔儿、松鼠儿、罐儿"，这就使得译文的口语化特色突出。此外，茅盾用"铺子"来译原文的 shops，用"市头"来译原文的 market，用"瓦罐"来译原文的 pot，这在一定程度上体现了"归化"译法。茅盾的上述翻译处理，总体来看是比较恰当的翻译处理，既传达了原文的意义和样式，又照顾到了汉语的表达。当然，我们在上述译文中，也可以发现有个别的不足，那就是茅盾将原文的 for the time when the sun is weak 译为"待到太阳光衰弱时"，显得过于"亦步亦趋"。原文的意义指的是"在太阳下山时分"或"日薄西山"时，而译文显得过于遵从原文的语序和意义。

从上述两个例子的分析可以看出，茅盾关于翻译的主张是以直译为主、兼顾表达，这也是茅盾自己在关于翻译的文章中所表达的观点。关于直译，茅盾曾在文章中这样写道：

> 直译的意义若就浅处说，只是"不妄改原文的字句"；就深处说，还求"能保留原文的情调与风格"。所谓"不妄改原文的字句"一语，除消极的"不妄改"而外，尚含有一个积极的条件——必须顾到全句的文理。[①]

上述这段文字有两个方面的重要内容。首先，茅盾认为，直译的最基本要求是"不妄改原文的字句"。这里的"字句"不是字面上的字句，而是指原文字句表达的意义，即译者无论如何，不能随意改动原文的"意义"。要做到这一点，也着实不易，因为毕竟中英两种文字有着诸多的不同。这也是一个翻译中的重要问题。例如清末民初的林纾，他是不谙外文的，但他根据魏易等懂外语者的口述，将原文的意思重新整理，出之以浅近的汉语，这算不算茅盾所说的"不妄改原文的字句"呢？当然茅盾认为"不妄改原文的字句"只是浅层次上的直译，而从深层次来说，直译还要求"能保留原文的情调与文格"，即保留原作的风格。其次，在上述理解的基础上，茅盾进一步提出，浅层次上的直译可以说是保留了原文的"样貌"，而深层次上的直译则应该是保留了原文的"神韵"（即"原文的情调与文格"）。

从茅盾的上述论述来看，在翻译过程中保留原文的"样貌"指的是以直译的方式来完整传达原文的意义，而保留原文的"神韵"则指的是以直译的方式来呈现原文的独特风格。从某种角度而言，完整传递原文意义还相对容易做到，但是原作风格是原文作者独特之所在，是否也能做到呢？换言之，如果"样貌"和"神韵"都能保留，那自然最好，但如果不能同

---

① 茅盾：《"直译"与"死译"》，《小说月报》，1922 年第 13 卷第 8 期。

时保留，该如何取舍呢？茅盾认为：

> 就我的私见下个判断，觉得与其失"神韵"而留"形貌"，
> 还不如"形貌"上有些差异而保留了"神韵"。文学的功用在感
> 人（如使人同情使人慰乐），而感人的力量恐怕还是寓于"神
> 韵"的多而寄在"形貌"的少；译本如不能保留原本的"神韵"
> 难免要失了许多的感人的力量。[①]

从这一段论述可以看出，茅盾认为如果两者不能同时保留，那就宁可
要"神韵"而不要"样貌"了。这一点也可以从《沙漏》的译文中看得出
来。例如原文中的智叟正准备给学生们讲述书本上的一段话，这段话据说
是一个乞丐写在巴比伦的墙上的。可能因为是年代古老，智叟便认为这一
段文字是古代的经典。这一段文字如下：

> There are two living countries, the one visible and the one
> invisible; and when it is winter with us it is summer in that country,
> and when the November winds are up among us it is lambing-time
> there.

从语言来看，叶芝剧中的这一段原文实际上并不古奥，不是古英语也
不是中古英语，更不是希腊、拉丁语。这一段的实际效用只不过是叶芝为
了讽刺这位智叟，使之显得"文绉绉"。茅盾可谓是充分体会到了原作者
的"心意"，将其翻译如下：

> 人居之邦有二，一可见，二不可见。此邦为冬则彼邦为夏。

---

① 茅盾：《译文学书方法的讨论》，《小说月报》，1921 年第 12 卷第 4 期。

吾人之地，朔风起时，彼邦正乳羊放牧时也。

　　茅盾的这段译文是浅近的文言，这与整篇译文使用白话翻译不同。尤其是第三句译文，茅盾以“朔风”来翻译原文的 the November winds，以“乳羊”来翻译原文的 lambing-time，可谓是妙译。需要指出的是，茅盾对于使用文言来翻译是不陌生的。在 1918 年之前，茅盾所做的翻译都是文言翻译。到 1918 至 1919 年，受五四新文化运动的影响，茅盾开始使用白话文进行翻译，之后便一直如此。上述这段文言译文较好地传递了原文的“神韵”，也是茅盾能够灵活处理翻译的另一个例证。

　　此外，我们在选读中也可以发现，对于一些特殊词语、句子，茅盾也做出了特殊的处理。例如，原文中智叟跪地祈祷时使用的祈祷词是拉丁文，或许是因为不懂拉丁文，也无暇咨询或查阅，茅盾在译文中直接引用原文。为了不使读者疑惑，茅盾在拉丁原文后面加上括号，并说明是“拉丁语祈祷词”。类似这样的处理在《沙漏》中有，在茅盾的其他译文尤其是早期译文中则更多。例如在《月方升》译文中，茅盾没有翻译原文中革命青年所唱的歌曲名称如 Content and pipo, The Peeler and the goat 等，甚至连人名、地名也不翻译（如 Johnny Hart, Ballyvanghand 等）。在《海青·赫佛》中，茅盾有时中英文合用，例如译文中有这样的句子：这是 De Wet Hurling 俱乐部的书记；这是一个代替 tableaux 的法子，等等。可以看出，在翻译中，面对原文中一些译者不认识或者不了解的词汇、句子时，茅盾采用了或直引原文、或直引原文加括号注释的方式来处理。这也是翻译中一个重要的议题，即该如何处理这些难点词汇和句子。当然，茅盾主要对英文作品进行翻译，对于不熟悉的他语种词汇和句子进行不翻译的处理，也是一种不得已而为之吧。除此之外，在茅盾早期的译文中，还出现不少省译的情况，即将原文中一些民谣、诗歌等在翻译过程中省略不译。这在今天看来，未免是一种遗憾。但考虑到译者当时的处境，我们也应该报之以“同情的理解”。

思考与阅读

如上文所述，茅盾是在中国现代最早将爱尔兰文艺复兴戏剧译介到中国的译者之一，这一贡献在中国现代文学翻译史上是重大的。但遗憾的是，无论是在文学翻译史著作，还是译者传记研究，抑或是译者翻译研究中，这一点都几乎没有被提及。茅盾翻译的《月方升》滥觞了后来的数个译本，包括罗家伦、李健吾、王学浩等人的译本。茅盾虽然只翻译了叶芝的一部戏剧《沙漏》，但其中较为完整地体现了茅盾本人的翻译观，即以直译为主，力图保留原文的"样貌"与"神韵"，并兼顾到汉语的实际表达。这样的一种翻译观，体现了对原文和原文作者的极大尊重。当然，从今天的眼光来看，茅盾的译文或多或少有些不足，例如省译、直引原文、过于直译等，但总体来看，茅盾做到了"直译为主"，其为中国现代文学翻译史贡献了有分量、有质量的译作。

有意思的是，茅盾虽然翻译了大量戏剧，但他本人却极少从事戏剧创作，其文学史上的主要声名在于其小说。那么茅盾的外国文学翻译与其创作之间的关系是怎样的呢？茅盾的外国戏剧翻译对其文学创作产生了什么样的影响呢？茅盾的爱尔兰文艺复兴戏剧翻译在茅盾整体的外国文学翻译中占据一个什么样的地位呢？

此外，如上所言，叶芝的不少戏剧体现了凯尔特独特的文化，即"重视直观与情绪"，重视那灵的世界，而不是物质世界和理性世界。叶芝写过一部散文集《凯尔特的薄暮》，其中便笼罩着一种"朦胧、缥缈"的气氛，在《沙漏》一剧中也有所体现。那叶芝戏剧中的这种凯尔特"朦胧"在茅盾译文中有没有呈现呢？

以下是我们推荐的一些基础读物。

（1）William Butler Yeats. *The Collected Works of W. B. Yeats, Vollume II: The Plays,* Ed. David R. Clark and Rosalind E. Clark. New York: Scribner, 2001.

（2）马慧：《叶芝戏剧文学研究》，北京：人民出版社，2017年。

（3）欧光安：《借鉴与融合：叶芝诗学思想研究》，天津：南开大学出版社，2017年。

（4）韦韬主编：《茅盾译文全集》，北京：知识产权出版社，2005年。

（5）茅盾：《茅盾全集》，北京：人民文学出版社，1989年。

（6）钟桂松：《茅盾正传》，南京：江苏文艺出版社，2010年。

（7）茅盾：《我走过的道路（上）》，北京：人民文学出版社，1997年。

（8）王志勤：《跨学科视野下的茅盾翻译思想研究》，成都：四川大学出版社，2019年。

第六章　辛格《骑马下海的人》

（郭沫若译）

What more can we want than that?

No man at all can be living for ever,

And we must be satisfied.

——*Riders to the Sea*

我除此而外还有什么想头呢？

谁也不会永远活着的，

我们也不埋怨什么了。

——《骑马下海的人》

Riters to the Sea
——John Millington Singe

Persons in the play

Maurya, *an old woman*

Bartley, *her son*

Cathleen, *her daughter*

Nora, *a younger daughter*

Men and women

A Play in One Act

SCENE　*An island off the West of Ireland*

Cottage kitchen, with nets, oilskins, spinning-wheel, some new boards standing by the wall, etc. Cathleen, a girl of about twenty, finishes kneading cake, and puts it down in the pot-oven by the fire; then wipes her hands, and begins to spin at the wheel. Nora, a young girl, puts her head in at the door.

NORA　[*In a low voice.*] Where is she?

CATHLEEN　She's lying down, God help her, and maybe sleeping, if she's able.

NORA　[*Comes in softly, and takes a bundle from under her shawl.*]

CATHLEEN　[*Spinning the wheel rapidly.*] What is it you have?

NORA　The young priest is after bringing them. It's a shirt and a plain stocking were got off a drowned man in Donegal.

[Cathleen *stops her wheel with a sudden movement, and leans out to listen.*]

NORA　We're to find out if it's Michael's they are; some time herself will be down looking by the sea.

CATHLEEN How would they be Michael's, Nora? How would he go the length of that way to the far north?

......

BARTLEY [*Taking the halter.*] I must go now quickly. I'll ride down on the red mare, and the grey pony'll run behind me... The blessings of God on you. [*He goes out.*]

MAURYA [*Crying out as he is in the door.*] He's gone now, God spare us, and we'll not see him again. He's gone now, and when the black night is falling I'll have no son left me in the world.

CATHLEEN Why wouldn't you give him your blessing and he looking round in the door? Isn't it sorrow enough is on everyone in this house without your sending him out with an unlucky word behind him, and a hard word in his ear?

[*Maurya takes up the tongs and begins raking the fire aimlessly without looking round.*]

NORA [*Turning towards her.*] You're taking away the turf from the cake.

CATHLEEN [*Crying out.*] The Son of God forgive us, Nora, we're after forgetting his bit of bread. [*She comes over to the fire.*]

NORA And it's destroyed he'll be going till dark night, and he after eating nothing since the sun went up.

CATHLEEN [*Turning the cake out of the oven.*] It's destroyed he'll be, surely. There's no sense left on any person in a house where an old women will be talking for ever.

[*Maurya sways herself on the stool.*]

CATHLEEN [*Cutting off some of the bread and rolling it in a cloth, to Mau-*

rya. ⌉Let you go down now to the spring well and give him this and he passing. You'll see him then and the dark word will be broken, and you can say, 'God speed you,' the way he'll be easy in his mind.

MAURYA ⌈ *Taking the bread.* ⌉Will I be in it as soon as himself?

CATHLLEN If you go now quickly.

MAURYA ⌈ *Standing up unsteadily.* ⌉It's hard set I am to walk.

......

NORA ⌈ *In a whisper.* ⌉Did you hear that, Cathleen? Did you hear a noise in the north-east?

CATHLEEN ⌈ *In a whisper.* ⌉There's someone after crying out by the sea-shore.

MAURYA ⌈ *Continues without hearing anything.* ⌉There was Sheamus and his father, and his own father again, were lost in a dark night, and not a stick or sign was seen of them when the sun went up. There was Patch after was drowned out of a curagh that turned over. I was sitting here with Bartley, and he a baby, lying on my two knees, and I seen two women, and three women, and for women coming in, and they crossing themselves, and not saying a word. I looked out then, and there were men coming after them, and they holding a thing in the half of a red sail, and water dripping out of it—it was a dry day, Nora—and leaving a track to the door.

⌈ *She pauses again with her hand stretched out towards the door. It opens softly and old women begin to come in, crossing themselves on the threshold, and kneeling down in front of the stage with red petticoats over their heads.* ⌉

MAURYA ⌈ *Half in a dream, to Cathleen.* ⌉Is it Patch, or Michael, or what is it at all?

CATHLLEN   Michael is after being found in the far north, and when he is found there how could he be here in this place?

MAURYA   There does be a power of young men floating round in the sea, and what way would they know if it was Michael they had, or another man like him, for when a man is nine days in the sea, and the wind blowing, it's hard set his own mother would be to say what man was in it.

CATHLEEN   It's Michael, God spare him, for they're after sending us a bit of his clothes from the far north.

[*She reaches out and hands* Maurya *the clothes that belonged to Michael.* Maurya *stands up slowly, and takes them in her hands,* Nora *looks out.*]

......

[*Maurya stands up again very slowly and spreads out the pieces of Michael's clothes beside the body, sprinkling them with the last of the Holy Water.*]

NORA   [*In a whisper to Cathleen.*] She's quiet now and easy; but the day Michael was drowned you could hear her crying out from this to the spring well. It's fonder she was of Michael, and would anyone have thought that?

CATHLEEN   [*Slowly and clearly.*] An old woman will be soon tired with anything she will do, and isn't it nine days herself is after crying and keening, and making great sorrow in the house?

MAURYA   [*Puts the empty cup mouth downwards on the table, and lays her hands together on Bartley's feet.*] They're all together this time, and the end is come. May the Almighty God have mercy on Bartley's soul, and on Michael's soul, and on the souls of Sheamus and Patch, and Stephen and Shawn [*Bending her head.*] ; and may He have mercy on my soul, Nora, and on the soul of everyone is left living in the world. [*She pauses, and then keen rises a little more* *loudly from the women, then sinks away.*ǀ

MAURYA ﹇ *Continuing.* ﹈ Michael has a clean burial in the far north, by the grace of the Almighty God. Bartley will have a fine coffin out of the white boards, and a deep grave surely. What more can we want than that? No man at all can be living for ever, and we must be satisfied.

﹇ *She kneels down again, and the curtain falls slowly.* ﹈

《骑马下海的人》

郭沫若　译

小家的厨房，有渔网、油布、纺车等等，壁上倚放新色木板数张。

伽特林，二十岁光景的姑娘，做好了点心，把来放进灶旁的烘炉里；洗了手，坐在纺车旁纺起线来。

诺那，一位年青的姑娘，伸头进门窥伺。

诺那 （低声地。）妈妈往那儿去了？

伽特林 她睡下了呢，怪可怜的，能够睡熟的时候，睡下也好。

（诺那轻轻地走入厨来，从她的肩帔下取出一个包裹。）

伽特林 （迅速地纺着车。）你拿的是什么呀？

诺那 是那年轻的牧师刚才送来的，是一件衬衫和一只平打的绒线袜子，说是从一位在东内格尔淹死了的人的身上脱下来的。

伽特林突然把纺车停止，倾听。

诺那 我们应当看看这到底是不是米海尔哥哥的，妈妈是时常要走到海边去看的。

伽特林 这怎么会是米海尔的呢，诺那？他怎么能走得那么远？到那极北去了。

……

巴特里 （拿着缰绳。）我要快些走了。我骑那匹枣骊马，那匹灰色的仔马我牵起去……好，你们请了。

（巴特里走出。）

毫里亚 （看见他走出门时叫出。）啊，他走了，天老爷哟，我是不会再看见他了。啊，他走了只等这天一黑下来，我在这世上便要成没有一个儿子的孤人了。

伽特林 老母亲，你为什么不说句吉利的话？他回头在看呢。你老母亲就不在背后咒人，我们家里人不已经是太不吉利了吗？你还要说这样不好听的话使他听见。

（毫里亚拿起火钳来，无端地拨着火，没有回头。）

诺那 （转向她母亲来。）饼子还没烧好，便把火拨开了。

伽特林 （叫出。）啊，救命的菩萨，诺那呀，我们忘记了叫他吃饼子呢。

（她走到火旁来。）

诺那 他要走到黑的，那会怎样地饿坏了哟，他从上半天来便没有吃过东西的。

伽特林 （把烘饼自炉中取出。）他一定会饿坏的。老人家只管讲，把我们都讲昏了。

（毫里亚坐在凳上前后动摇。）

伽特林 （切了些面包，用包袱包好，交给毫里亚。）妈妈，你快到那泉水边去，等他过身的时候你交给他罢，你看见了他的时候，你不要说不吉利的话了，你向他说一句"一路福星"，那他在路上心里也好过些。

毫里亚 （拿着面包。）我还可以赶得上他吗？

伽特林 你赶快走去好了。

毫里亚 （飘摇地立起来。）要我走路实在是难。

……

诺那 （低语。）你听见没有，伽特林？你听见没有，那东北方的吼声？

伽特林 （低语。）海边上好像有人在喊的一样。

毫里亚 （什么也没留意听，接着说。）还有西卵士和他的父亲，还有我的公公，是在一天黑夜里丢了的，到太阳出来的时候，没有看见他们一根拐杖，也没有看见他们一点影子。还有拔奇是翻了船淹死了的。那时候我抱着巴特里坐着，他还是一个小娃娃呢，是睡在我的膝头上的，我看见两个妇人走来，三个妇人走来，四个妇人走来，她们画着十字，一句话也没有说。我又才看出去，许多男子跟着她们来了，他们抬着一个东西，是在半张红的帆布里包着的，在滴着水——那天是并没有下雨的呢，诺那——一直滴到了我们的门口。

（她又息了一下，把两手伸出去指着门。慢慢地推开，几位老妇人走进来了，在进口处画了十字，跪在舞台的前面，头上是顶着红裙。）

毫里亚 （一半失神地，对伽特林说。）那是拔奇吗？还是米海尔吗？到底还是什么？

伽特林 米海尔已经在北边找到了，他已经找着了，这儿怎么还会有他来呢？

毫里亚 在海里漂流着的男子汉的死尸不知有多少，他们怎么晓得找着的就是米海尔呢？别的人像他的也会有，在海里面死了九天，又有这样的风吹着，就是他自己亲生的母亲也怕分别不出是什么人来呢。

伽特林 真的是米海尔呢，因为他们从北方给我们送了些他的衣服来。

（她伸手把米海尔的衣物送给毫里亚。毫里亚慢慢地站起来，接到自己的手里。诺那看着外边。）

……

（毫里亚又很迂缓地立起来，在尸体旁边把米海尔的衣物摊开，把残余的圣水洒上。）

诺那 （向伽特林私语。）妈妈今天真平静；米海尔淹死了的那天，她不是从这儿一直号啕到泉水旁边的吗？她怕是要喜欢米海尔些的呢？真想不到。

伽特林 （徐徐而明朗地。）年纪老了的人做事情是容易疲倦的，她不是已经号哭了九天，使得一家人都很伤心了吗？

耄里亚 （把空杯倒置在桌上，把双手放在巴特里脚上。）这会算一齐都完了。威灵赫赫的天老爷你请保佑巴特里的灵魂，米海尔的灵魂，西卯士和拔奇的灵魂，史迭芳和雪恩的灵魂；（把头低下。）天老爷哟，你请也保佑我的灵魂，诺那，保佑一切生存在世上的人的灵魂罢。

（她中止着了，妇人们的哭声渐渐高了一些，又低抑了下去了。）

耄里亚 （接着说。）米海尔在北方安葬了，多谢天老爷的恩惠，巴特里该得一副橡木做成的上好的棺材，要埋深一点才好。我除此而外还有什么想头呢？谁也不会永远活着的，我们也不埋怨什么了。

（她又跪着了，幕徐徐下落。）

📑 原作赏析

《骑马下海的人》（*Riders to the Sea*）是爱尔兰文艺复兴戏剧运动中天才作家辛格的代表作之一。辛格（John Millington Synge）于 1871 年 4 月 16 日出生于爱尔兰首都都柏林，是家中的老小。辛格 1 岁的时候其父亲便死于天花，但家族还是能够提供给他充足的上学机会。18 岁时，辛格进入都柏林三一学院（Trinity College），攻读含爱尔兰语在内的语言学，并同时在皇家爱尔兰音乐学院兼听课程。1893 年，辛格开始在德国学习小提琴和钢琴，而当年夏天他在爱尔兰中部的威克洛（Wicklow）地方度假，并爱上了当地的方言。次年夏天，他再次来到威克洛度假。1895 年，辛格在法国巴黎大学注册学习法国语言与文学，当年夏天还是到威克洛度假。1896 年，辛格来到意大利，学习艺术与文学，并再次到威克洛度夏。结束度假后，辛格来到巴黎，于同年的 12 月 21 日与叶芝相见，开启了两人笃实的友谊。叶芝鼓励辛格放弃世纪末欧洲大陆那种颓废的艺术风气，到爱尔兰西部去采风，因为那里才是爱尔兰作家艺术的灵感源泉。1898年，辛格到爱尔兰西部阿兰群岛（Aran Islands）采风，并再次到威克洛度夏。1899年，叶芝的《凯瑟琳女伯爵》作为爱尔兰文艺剧院的演出剧目进行排演，辛格参与其事。1901年，辛格完成记录书稿《阿兰群岛》的写作。1902年，辛格在威克洛创作出戏剧《骑马下海的人》、《谷中的暗影》（*The Shadow of the Glen*），并写有《补锅匠的婚礼》（*The Tinker's Wedding*）之初稿。1903年，辛格在巴黎遇见另一位爱尔兰文学大师乔伊斯，同年10月《骑马下海的人》出版，《谷中的暗影》上演。1904年初，《骑马下海的人》上演，同年底《谷中的暗影》出版。1905年初，戏剧《圣泉》（*Well of the Saints*）出版并上演，9月底辛格被选举为爱尔兰民族戏剧社理事。1907年初，戏剧《西部世界的花花公子》（*The Playboy of the Western World*）出版，并在阿贝剧院演出，演出引起连续几晚的骚动。同年底，《补锅匠的婚礼》出版，但因为担心遭到激进天主教徒的攻击而未能上演。1908年，辛格的腹部被发现无法手术的肿瘤，但友人并未告知辛格。1909年4月24日，辛格去世，其去世前正在创作的戏剧《戴尔德拉的忧患）（*Deidre of the Sorrows*）由辛格未婚妻莫莉·渥古德、格雷戈里夫人和叶芝一起编纂完成。

《骑马下海的人》是一部独幕剧，讲述阿兰群岛的老人毫里亚，其丈夫和五个儿子都因生活而遭遇海难，只留下最小的儿子巴特里和两个女儿伽特林和诺那在家。而年轻的巴特里也想趁机会好的时候，跨过海去赶马市，毫里亚和两个妹妹都不希望巴特里去，但巴特里坚持要去。最终传来消息，巴特里也遭了海难，已经失去所有儿子的老人毫里亚反而似乎"轻松"了，发出"人终有一死"的喟叹，为巴特里祈祷。田汉曾敏锐地指出，《骑马下海的人》虽然以阿兰群岛为背景（纺车、泥炭、赶马市等）、展现出爱尔兰西部的丰富的地方色彩，但是戏剧中也表现了一个更普遍的主题，那就是"人类与自然的争斗"，那失去丈夫和六个儿子的"渔村女人的悲哀，又是世界任何海岸都可以看出的"。[①] 田汉认为，耄里亚老人在戏剧结尾处发出的喟叹，有一种古希腊悲剧的气氛，那是一种在人类与自然搏斗中失败后"败北的庄严"。除了纺车、泥炭、赶马市等展现的爱尔兰西部风情，《骑马下海的人》的语言也是极富爱尔兰西部方言特色的，如前文叶芝一章中所述，这种方言是以盖尔语思维和词语融入英语中而形成的。例如在表示进行时的时候会加一个词 after（如 What's that she's after saying，其意思就是"她说什么了？"），因为在爱尔兰语中没有完成时态，因此英爱方言中就用 after 这个词来辨识完成时结构。辛格认为戏剧的唯一来源是百姓的真实生活，因此他创作的 6 部戏剧中，除最后一部的主题涉及历史之外，其他戏剧的人物和情节都来自现实的生活，尤其是西部农民、渔民们的日常生活。但辛格并不是一味描写乡民及其生活的美好，而是进行客观的描述。

📑 译文赏析

本章选取的《骑马下海的人》译文来自郭沫若翻译的《约翰·沁孤的戏曲集》。1892 年郭沫若出生于四川乐山，其家庭在当地算是小产之家。郭沫若自小在家接受传统古典教育，在小学时开始接触民主思想。12 岁时，其大哥郭开文开始教他简单的日语。1905 年，郭沫若想跟随大哥赴日留学，父母未同意。后来郭沫若相继在乐山县高等小学堂、嘉定府官立中学堂、成都府中学、四川省城官立高等学校（相当于高中）就读。在嘉定府官立中学堂就读时，郭沫若开始并喜欢阅读林纾译西方小说，如《迦茵小传》《萨克逊劫后英雄略》等，并开始真正接触英文。在成都府中学就读时，其外国语科目的成绩名列前茅。而在官立高等学校就读时，郭沫若已经可以阅读英文原文的诗作如朗费罗的《箭与歌》（*The Arrow and the Song*）等。1913 年 10 月，郭沫若取道朝鲜赴日留学，次年 1 月中旬抵达

---

① 田汉：《爱尔兰近代剧概论》，上海：东南书店，1929 年，第 35 页。

东京，先在神田外国语学院学习日语。1914 年 7 月郭沫若考入东京第一
高等学校特设预科班三部，课程主要包括语言与自然科学，语言类课程包
括汉语、日语、英语和德语。次年 7 月，郭沫若就读冈山第六高等学校三
部（医科），语言类课程与医学类课程各占一半。之后几年的学习中，郭
沫若一边学习专业课程，但同时发现自己的兴趣逐渐偏向文学，因此开始
从事文学创作与翻译。在英语文学方面，郭沫若喜欢英语诗歌，例如泰
戈尔和雪莱的诗作他都有翻译。1920 年，郭沫若在与友人的通信中谈到
自己喜爱的外国文学作家，其中就包括爱尔兰作家叶芝和拉塞尔（George
Russell, 常以 A.E. 为名）。1924 年 10 月，郭沫若开始系统阅读辛格的戏
剧，次年初开始翻译。1925 年 5 月 26 日，郭沫若完成对辛格全部 6 部戏
剧的翻译，包括《谷中的暗影》、《骑马下海的人》、《圣泉》、《西域的健
儿》（即《西部世界的花花公子》）、《补锅匠的婚礼》和《悲哀之戴黛儿》
（即《戴尔德拉的忧患》）。1926 年 2 月，这 6 部戏剧结集为《约翰·沁孤
的戏曲集》，由上海商务印书馆出版，署名"郭鼎堂译述"。

　　在《约翰·沁孤的戏曲集》正文之前，郭沫若写有一篇《译后》，对
自己翻译辛格戏剧的过程做了解释。在《译后》的开端部分，郭沫若指出
辛格的作品体现了对下层阶级和人物如流浪者和乞丐等的态度，与这种态
度相关的，便是辛格作品中流露出一种对人类和现实"幻灭的哀情"。郭沫
若的这一认识是非常准确的。确实，辛格的作品中都流露出一种忧郁和悲
悯的氛围，其主题也以悲剧居多。但同时，郭沫若也指出，虽然戏剧中流
露出这种对人类和现实"幻灭的哀情"，但辛格对于人类和现实并没有完
全绝望：

　　　　他（辛格）虽然没有积极的进取的精神鼓动我们去改造这个
　　　人类的社会，但他至少是指示了我们，这个虚伪的、无情的、利

己的、反复无常的社会是值得改造的。①

这便是辛格在戏剧中给读者展现的希望，那就是即使这个世界是"虚伪的、无情的、利己的、反复无常的"，但人类心中还留存有尚未完全消灭的"一点相互间的哀情"，使得我们不至于绝望，并在绝望中寻找希望。

《译后》的第二部分主要涉及郭沫若翻译辛格戏剧时的感受，尤其是处理其语言的困难。如上文所述，与叶芝的语言不同，辛格的戏剧语言是一种融合了爱尔兰语（盖尔语）思维和词汇的独特英爱方言。如何将这种方言进行传递，是郭沫若最感头疼的，"感受了不少痛苦"。到底该用哪一种中国的方言去对应原文的方言呢？在多次考虑之后，郭沫若决定选用一种"普通的话来移译"。这一观点表明，郭沫若是从大多数读者的角度来考虑的，即如果选用中国的某一种方言如郭沫若自己的家乡四川话来翻译，可能其他地方的读者并不一定能明白，因此郭沫若决定即便失去原书的精神，"原书中各种人物的精神"，也要选择普通的话来翻译。带着这一观点，我们来看郭沫若在《骑马下海的人》译文中是如何处理辛格原文的。例如戏剧开头诺那说：

NORA　The young priest is **after** bringing them. It's a shirt and a plain stocking were got off a drowned man in Donegal.②

这句话中的 after 是盖尔语中表示完成时的用法，标准英语中是没有的，所以 The young priest is after bringing them 换成标准英语可以是 The

---

① 辛格著，郭鼎堂译：《约翰沁孤的戏曲集》，上海：商务印书馆，1926 年，《译后》第 2 页。

② J. M. Synge, *The Complete Works of J. M. Synge (Wordsworth Poetry Library)*, Ed. & Intro. Aidan Arrowsmith, Ware: Wordsworth Editions Limited, 2008, p. 17. 本章辛格《骑马下海的人》原文节选均出自此书。

young priest has brought them。

郭沫若译文：

诺那　是那年轻的牧师**刚才送来**的，是一件衬衫和一只平打的绒线袜子，说是从一位在东内格尔淹死了的人的身上脱下来的。[①]

众所周知，汉语语词本身没有如英文 is/was/has been 这样的曲折变化来表示时态，而只能通过表示时间的词语如"已经、将要"等来表示。在上述译文中，郭沫若用"刚才送来的"来翻译原文的 is after bringing them，"刚才"就是表示过去时间的词语。此外，原文的第二句也是一句典型的融入了盖尔语思维的方言句子，其中 it 指前面的 them（一包东西），were got off 换成标准英语应该是 that/(that) were taken off。而郭沫若的译文确实是"普通的话语"，即当时的国语。值得注意的是，原文是两句话，而郭沫若在译文中将其合为一句，语意确实更加连贯。原文中的 shirt，郭沫若译为"衬衫"，原文中的 a plain stocking（字面意思为"一只普通的袜子"），郭沫若译为"一只平打的袜子"，是颇费心思的翻译。因为织袜子有平针、正针、滑针、挑针、上针、下针等方法，平针是其中最常用的方法之一，以此来对应 a plain stocking，是费了一番心思的。从整体来看，郭沫若在上述选段中体现的翻译方法是直译，这也是《骑马下海的人》这部译文整体而言所采取的翻译方法。我们再举一例。在戏剧中伽特林和诺那突然想起忘了给巴特里装面包，诺那说：

NORA　And **it's destroyed he'll be** going till dark night, and **he**

---

①　辛格著，郭鼎堂译：《约翰沁孤的戏曲集》，上海：商务印书馆，1926 年，第 295 页。本章所选郭沫若《骑马下海的人》译文，均出自此书。

after eating nothing since the sun went up.

原文中有两处值得注意的地方。一处是 it's destroyed he'll be，这是一种方言表达，换成标准英语，可以是 he'll be destroyed，其中 destroyed 也并不是普通英语中"毁灭、毁坏"的意思，而是"饿坏了"的意思。第二处便是 he after eating nothing，如果换成标准英语，可以是 he has eaten nothing。郭沫若是这么翻译这一句的：

> 诺那　他要走到黑的，那会怎样地**饿坏了**哟，他从上半天来**便没有吃过**东西的。

从郭沫若的译文来看，是比较好地传达了原文的意思的，从翻译方法上来看也是一种直译。对于原文第一处的翻译，郭沫若不仅将"饿坏了"的意思表达出来，还加了"怎样地"三个字来加强这种语气。而原文第二处的完成时态，郭沫若是通过"上半天"和"没有吃"这两组词语来实现的，表示在过去的半天内巴特里没有完成吃的动作。此外，郭沫若还将原文的 since the sun went up（字面意思为"自从太阳升起""自从天亮"）译为"上半天"，是一种巧妙的意译，以"上半天"来说明巴特里有大半天没吃东西，比"自从太阳升起"或"自从天亮"来说明则更加形象和具体。

从上面例子的分析可以看出，郭沫若在《骑马下海的人》的翻译中虽然以直译为主，但能够灵活地处理原文，将其出之以符合汉语表达习惯和特点的译文。这一点郭沫若在《骑马下海的人·译后》中也有明确的说法：

> 爱尔兰人的发音和英文大不相同，譬如 Synge，我译成"沁孤"，或许便会引起读者的怀疑，但这正是爱英两地发音不同之一例。剧中人名地名等固有名词——我也不十分知道爱尔兰的正

确的发音——我大概依我自己的方便，任意音译了。我想在翻译的工作上有一种"**翻案**"（adaptation）的办法已是**一般承认**了的，这些小的随意想来不会成为问题。

　　还有我译用的语气，只从我们中国人的惯例，很有些地方**没有逐字逐句地照原文死译的**。

中国现代文学翻译史上，关于翻译是"翻译"还是"翻案"，有过一段公案。主张翻译是"翻译"者，即主张翻译应该完全或基本以直译为主，而主张翻译是"翻案"者，即主张应该灵活处理原作中的一些现象采取归化译法。田汉和郭沫若是好友，但关于翻译的态度，田汉主张前者，而郭沫若主张后者。例如在《骑马下海的人》中伽特林也发现忘了给巴特里拿面包，说了这么一句：

CATHLEEN　[*Crying out.*] **The Son of God forgive us**, Nora, we're after forgetting his bit of bread. [*She comes over to the fire.*]

郭沫若译文：

伽特林　（叫出。）啊，**救命的菩萨**，诺那呀，我们忘记了叫他吃饼子呢。（她走到火旁来。）

对照原文和译文，可以发现郭沫若以极富中国文化特色的词语"救命的菩萨"[①] 来翻译原文的 Son of God forgive us（字面意思为"神子宽宥我们"），原文中爱尔兰天主教徒常用的口头语变为中国百姓常用的口头语，

---

　　① 　当然从渊源上来看，中国的佛教文化词语来自于古印度，唐三藏西天取经的故事在中国家喻户晓。佛教自东汉末年传入中国以来，发展出了不少重要派别如华严宗、净土宗等，对中国文化影响最大的则莫过于中土禅宗了。

这是一种典型的归化翻译。我们再举一例，在《西部世界的花花公子》一剧中，乡村酒店老板女儿培姜和客人之间有这么一段对话：

MEN　[*Together.*] God bless you. The blessing of God on this
place.
PEGEEN　God bless you kindly.

郭沫若译文：

男子们　（一同。）**恭喜发财！恭喜发财！**
培姜　**大家发财，大家发财。**

　　原文显然是爱尔兰百姓（大多信仰天主教）在进入酒店时的客套语（字面意思是上帝保佑），因为其宗教信仰，因此大多这种客套语与神或者宗教有关。郭沫若则将其翻译为中国民间百姓在入住客栈或酒馆的客套语，原文中浓厚的宗教意味客套语变为译文中祝对方发财的客套语，在译文中其宗教意味消失，这与中国文化自古而今并未像西方国家曾经是宗教国家有关。郭沫若的上述译文，完全符合其"按照中国人的惯例"和"没有逐字逐句翻译"的说法，也就是他主张的翻译是"翻案"的说法。

　　除了"翻案"说，郭沫若还认为在文学翻译中应该有一种"风韵说"。1921年1月，郭沫若曾写信给《时事新报》副刊《学灯》主编，谈自己关于创作和翻译的看法。在这封信中，郭沫若将翻译比作"媒婆"，将创作比作"处子"，他认为在当时的国内人们只注重媒婆，而不注重处子。他的这一观点在当时引起很大反响，田汉、成仿吾、茅盾、郑振铎等都撰写文章谈翻译与创作关系的问题。后来郭沫若在《致郑西谛先生的信》中回应说，自己并非藐视翻译，只是鄙夷那些"靠字典万能的翻译家"，认为翻译应该寓有创作的精神，不愿在翻译的梳理上图多，而宁愿在翻译的质量上求好。1922 年 6 月，郭沫若借评论他者翻译的文章，对诗歌翻译提出了自己的看法：

> 我们相信译诗的手腕决不是在替别人翻字典，决不是如像电报局生在替别人翻电文。诗的生命在他内含的一种音乐的精神。至于俗歌民谣尤以声律为重。翻译散文诗、自由诗时自当别论，翻译歌谣及格律严峻之作，也只是随随便便地直译一番，这不是艺术家的译品，这只是言语学家的解释了。**我始终相信，译诗于直译，意译之外，还有一种风韵译**。字面，意义，风韵，三者均能兼顾，自是上乘。即使字义有失而风韵能传，尚不失为佳品。若是纯粹的直译死译，那只好屏诸艺坛之外了。①

"风韵译"可以说是郭沫若继"翻案说"之后的又一大观点，但实际上两者也是一脉相承的关系。首先，当然郭沫若主张要把原文意义进行传达，这便是直译。其次，对于一些特殊的词语、现象，要能够灵活地处理，这便是意译（或者是归化）。再者，郭沫若认为外国诗歌有一种内在的规律，不是其本身的字面上或形式上的规律（如格律、韵律等），而是诗歌本身整体上"散发"的一种"气韵"，高明的作家应该能够把原作的"气韵"传递出来。虽然郭沫若在上述论述中主要是针对诗歌而言，但将这一观点用于其对辛格戏剧的翻译，从某个角度而言也是部分实现了这一点的。例如虽然郭沫若说辛格剧中的方言无法用中国某地的方言来对应，但是在有意无意之间，郭沫若还是使用了一些地方方言，尤其是其家乡的一些方言。例如在《骑马下海的人》中间部分，村里传说又有人因赶海而遭了海难，毫里亚听说后说：

---

① 郭沫若：《批判〈意门湖〉译本及其他》，转引自咸立强：《译坛异军：创造社翻译研究》，北京：人民出版社，2010 年，第 178 页。

MAURYA   There does be a power of young men floating round in the sea, and what way would they **know** if it was Michael they had, or another man like him, for when a man is nine days in the sea, and the wind blowing, it's hard set his own mother would be to say what man was in it.

郭沫若译文：

毫里亚   在海里漂流着的男子汉的死尸不知有多少，他们怎么**晓得**找着的就是米海尔呢？别的人像他的也会有，在海里面死了九天，又有这样的风吹着，就是他自己亲生的母亲也怕分别不出是什么人来呢。

对读原文和译文，可以发现郭沫若用"晓得"来翻译原文的know，"晓得"是我国南方地区江浙、湖南、四川一带的方言，即"知道""懂得"之意。同时这一段译文也再次体现了郭沫若的翻译观点，即无法完全用中国的某个方言来翻译，而只好用"普通的话"来翻译。原文中 There does be a power of、it's hard set 等都是阿兰群岛地方的英语方言，这些地方郭沫若都没有用汉语方言来对应。

除了上述的分析外，我们想指出的是，由于郭沫若当时翻译的时间较短，因此在翻译中也有一些小的不足，例如选段中说毫里亚老人 *sways herself on the stool*，字面意思是老人"坐在凳子上前后摇晃"或者是"坐在摇椅上前后晃动"，但是郭沫若的译文是"坐在凳子上前后**动摇**"。此外，毫里亚老人 standing up unsteadily，字面意思是"摇摇晃晃地站起来"，但是郭沫若的译文是老人"**飘摇**地立起来"，显得并不准确。

思考与阅读

辛格的戏剧特色之一便是独特的爱尔兰中西部英爱方言，这种方言能否以我国的某地方言来完全对应呢？郭沫若的最终选择是使用"普通的话"即当时的国语来进行翻译，其目的是使大部分国人能够读懂并欣赏。请对照原文仔细阅读整部《约翰·沁孤的戏曲集》译文，考察郭沫若是如何翻译辛格的独特语言的。此外，还可以对照阅读郭沫若的其他英语文学翻译例如雪莱的诗歌等，来进一步体会郭沫若的翻译思想。

辛格的戏剧语言与叶芝不同，与格雷戈里夫人的也不一样，但他们三位代表了爱尔兰文艺复兴戏剧运动的顶峰。除语言外，三位作家的戏剧风格也各具特色，试着将三位作家的戏剧对照阅读，体会其中的特色差异。茅盾、罗家伦和郭沫若作为翻译家，也有各自不同的翻译思想和翻译风格。试着阅读三位翻译家的译作，体会其中体现的个人风格。茅盾、郭沫若同时还是作家，他们的作品有没有受到翻译外国文学作品的影响？尤其是有没有受到翻译叶芝、格雷戈里夫人和辛格戏剧的影响？茅盾、罗家伦和郭沫若都是在 20 世纪二三十年代翻译的爱尔兰文艺复兴戏剧，为什么他们会在那段时间翻译爱尔兰文艺复兴戏剧？他们的翻译与时代思想文化之间有什么联系呢？

以下是我们推荐的一些基础读物。

（1）J. M. Synge, *The Complete Works of J. M. Synge* (Wordsworth Poetry Library), Ed. & Intro. Aidan Arrowsmith, Ware: Wordsworth Editions Limited, 2008.

（2）辛格：《约翰·沁孤的戏曲集》，郭鼎堂译，上海：商务印书馆，1926 年。

（3）田菊：《爱尔兰戏剧运动在中国的百年回响》，北京：中国社会科学出版社，2017 年。

（4）林甘泉、蔡震主编：《郭沫若年谱长编》，北京：中国社会科学出版社，2017年。

（5）郭沫若：《郭沫若全集》，北京：人民文学出版社。

（6）傅勇林等：《郭沫若翻译研究》，成都：四川文艺出版社，2009年。

（7）咸立强：《郭沫若翻译文学研究》（上、中、下），台北：花木兰文化事业有限公司，2021年。

（8）咸立强：《译坛异军：创造社翻译研究》，北京：人民出版社，2010年。

第七章　贝克特《等待戈多》

（施咸荣译）

Hope deferred maketh the something sick.

—— *Waiting for Godot*

希望迟迟不来，苦死了等的人。

——《等待戈多》

Waiting for Godot
——Samuel Beckett

PERSONS

Estragon

Vladimir

Lucky

Pozzo

a boy

ACT I   *A country road.   A tree.   Evening.*

Estragon, sitting on a low mound, is trying to take off his boot. He pulls at it with both hands, panting. He gives up, exhausted, rests, tries again. As before.

(Enter Vladimir.)

ESTRAGON   [*Giving up again.*] Nothing to be done.

VLADIMIR   [*Advancing with short, stiff strides, legs wide apart.*] I'm beginning to come round to that opinion. All my life I've tried to put it from me, saying Vladimir, be reasonable, you haven't yet tried everything. And I resumed the struggle. [*He broods, musing on the struggle. Turning to Estragon.*] So there you are again.

ESTRAGON   Am I?

VLADIMIR   I'm glad to see you back. I thought you were gone forever.

ESTRAGON   Me too.

VLADIMIR   Together again at last! We'll have to celebrate this. But how? [*He reflects.*] Get up till I embrace you.

ESTRAGON   [*Irritably.*] Not now, not now.

VLADIMIR [*Hurt, coldly.*] May one inquire where His Highness spent the night?

ESTRAGON [*Irritably.*] What is it?

VLADIMIR Did you ever read the Bible?

ESTRAGON The Bible… [*He reflects.*] I must have taken a look at it.

VLADIMIR Do you remember the Gospels?

ESTRAGON I remember the maps of the Holy Land. Coloured they were. Very pretty. The Dead Sea was pale blue. The very look of it made me thirsty. That's where we'll go, I used to say, that's where we'll go for our honeymoon. We'll swim. We'll be happy.

VLADIMIR You should have been a poet.

ESTRAGON I was. [*Gesture towards his rags.*] Isn't that obvious?

Silence.

VLADIMIR Where was I…How's your foot?

ESTRAGON Swelling visibly.

VLADIMIR Ah yes, the two thieves. Do you remember the story?

ESTRAGON No.

VLADIMIR Shall I tell it to you?

ESTRAGON No.

VLADIMIR It'll pass the time. [*Pause.*] Two thieves, crucified at the same time as our Saviour. One—

ESTRAGON Our what?

VLADIMIR Our Saviour. Two thieves. One is supposed to have been saved and the other… [*He searches for the contrary of saved.*] … damned.

ESTRAGON Saved from what?

VLADIMIR Hell.

ESTRAGON I'm going. He does not move.

VLADIMIR And yet… [*Pause.*] …how is it—this is not boring you I hope—how is it that of the four Evangelists only one speaks of a thief being saved. The four of them were there—or thereabouts—and only one speaks of a thief being saved. [*Pause.*] Come on, Gogo, return the ball, can't you, once in a while?

ESTRAGON [*Timidly.*] Please Sir…

POZZO What is it, my good man?

ESTRAGON Er…you've finished with the… er…you don't need the… er…/ bones, Sir?

VLADIMIR [*Scandalized.*] You couldn't have waited?

POZZO No no, he does well to ask. Do I need the bones? [*He turns them over with the end of his whip.*] No, personally I do not need them any more. [*Estragon takes a step towards the bones.*] But… [*Estragon stops short.*] … but in theory the bones go to the carrier. He is therefore the one to ask. [*Estragon turns towards Lucky, hesitates.*] Go on, go on, don't be afraid, ask him, he'll tell you.

Estragon goes towards Lucky, stops before him.

ESTRAGON Mister…excuse me, Mister…

POZZO You're being spoken to, pig! Reply! [*To Estragon.*] Try him again.

ESTRAGON Excuse me, Mister, the bones, you won't be wanting the bones?

[*Lucky looks long at Estragon.*]

……

POZZO [*To Vladimir.*] Are you alluding to anything in particular?

VLADIMIR [*Stutteringly resolute.*] To treat a man… [*Gesture towards Lucky.*] … like that…I think that…no…a human being… no…it's a scandal!

ESTRAGON [*Not to be outdone.*] A disgrace!

POZZO How did you find me? [*Vladimir and Estragon look at him blankly.*] Good? Fair? Middling? Poor? Positively bad?

VLADIMIR [*First to understand.*] Oh very good，very very good.

POZZO [*To Estragon.*] And you, Sir?

ESTRAGON Oh tray bong, tray tray tray bong.

POZZO [*Fervently.*] Bless you, gentlemen, bless you! [*Pause.*] I have such need of encouragement! [*Pause.*] I weakened a little towards the end, you didn't notice?

VLADIMIR Oh perhaps just a teeny weeny little bit.

ESTRAGON I thought it was intentional.

POZZO You see my memory is defective.

[*Silence.*]

《等待戈多》

施咸荣 译

剧中人

爱斯特拉冈

弗拉季米尔

波卓

幸运儿

一个孩子

第一幕

乡间的一条路。一棵树。黄昏。

爱斯特拉冈坐在一个低低的土墩上，想脱掉靴子。他用两手使劲拉着，直喘气。他停止拉靴子，显出精疲力竭的样子，歇了会儿，又开始拉靴子。如前。

（弗拉季米尔上。）

爱斯特拉冈 （又一次泄了气。）毫无办法。

弗拉季米尔 （又开两腿，迈着僵硬的、小小的步子前进。）我开始拿定主意。我这一辈子老是拿不定主意，老是说，弗拉季米尔，要理智些，你还不曾什么都试过哩。于是我又继续奋斗。（他沉思起来，咀嚼着"奋斗"两字。向爱斯特拉冈。）哦，你又来啦。

爱斯特拉冈 是吗？

弗拉季米尔 看见你回来我很高兴，我还以为你一去再也不回来啦。

爱斯特拉冈 我也一样。

弗拉季米尔 终于又在一块儿啦！我们应该好好庆祝一番。可是怎样庆祝呢？（他思索着。）起来，让我拥抱你一下。

爱斯特拉冈 （没好气地。）不，这会儿不成。

弗拉季米尔 （伤了自尊心，冷冷地。）允不允许我问一下，大人阁下昨天晚上是在哪儿过夜的？

爱斯特拉冈 （没好气地。）怎么啦？

弗拉季米尔 你读过《圣经》没有？

爱斯特拉冈 《圣经》……（他想了想。）我想必看过一两眼。

弗拉季米尔 你还记得《福音书》吗?

爱斯特拉冈 我只记得圣地的地图。都是彩色图。非常好看。死海是青灰色的。我一看到那图,心里就直痒痒。这是咱俩该去的地方,我老这么说,这是咱们该去度蜜月的地方。咱们可以游泳。咱们可以得到幸福。

弗拉季米尔 你真该当诗人的。

爱斯特拉冈 我当过诗人。(指了指身上的破衣服。)这还不明显?(沉默。)

弗拉季米尔 刚才我说到哪儿……你的脚怎样了?

爱斯特拉冈 看得出有点儿肿。

弗拉季米尔 对了,那两个贼。你还记得那故事吗?

爱斯特拉冈 不记得了。

弗拉季米尔 要我讲给你听吗?

爱斯特拉冈 不要。

弗拉季米尔 可以消磨时间。(略停。)故事讲的是两个贼,跟我们的救世主同时被钉死在十字架上。有一个贼——

爱斯特拉冈 我们的什么?

弗拉季米尔 我们的救世主。两个贼。有一个贼据说得救了,另外一个……(他搜索枯肠,寻找与"得救"相反的词汇。)……万劫不复。

爱斯特拉冈 得救,从什么地方救出来?

弗拉季米尔 地狱。

爱斯特拉冈 我走啦。(他没有动。)

弗拉季米尔 然而……(略停。)……怎么——我希望我的话并不叫你腻烦——怎么在四个写福音的使徒里面只有一个谈到有个贼得救呢?四个使徒都在场——或者说在附近,可是只有一个使徒谈到有个贼得救。(略停。)喂,戈戈,你能不能回答我一声,哪怕是偶尔一次?

爱斯特拉冈 (怯生生地。)劳驾啦,老爷……

波卓　什么事，我的好人儿？

爱斯特拉冈　嗯……您已经吃完了……嗯……您不再需要……嗯……这些骨头了吧，老爷？

弗拉季米尔　（觉得可耻。）你不能再等一会儿？

波卓　不，不，他这样提出来是好的。我是不是需要这些骨头？（他用鞭子柄翻动骨头。）不，拿我个人来说，我是不需要它们了。（爱斯特拉冈朝骨头迈了一步。）不过……（爱斯特拉冈刹住脚步。）……不过在理论上，骨头是应该给跟班吃的。因此你应该问他要才是。（爱斯特拉冈转向幸运儿，犹豫一下。）说吧，说吧，跟他要。别害怕，他会告诉你的。

（爱斯特拉冈走向幸运儿，在他前面站住。）

爱斯特拉冈　先生……对不起，先生……

波卓　有人在跟你讲话，猪！回答！（向爱斯特拉冈。）跟他再说一遍。

爱斯特拉冈　对不起，先生，这些骨头，您还要不要？

（幸运儿盯着爱斯特拉冈好一会儿。）

……

波卓　（向弗拉季米尔。）你这话是不是有所指？

弗拉季米尔　（下了决心，结巴着说。）像这样……对待一个人……（朝幸运儿做了个手势。）……我认为……不……同样的人类……不……真可耻！

爱斯特拉冈　（不甘落后。）真丢脸！（他重新啃起骨头来。）

波卓　你们觉得我怎样？（弗拉季米尔和爱斯特拉冈呆呆地望着他。）很好？还好？过得去？马马虎虎？肯定很坏？

弗拉季米尔　（首先理解他的意思。）哦，非常好，非常、非常好。

波卓　您说呢，先生？

爱斯特拉冈　哦，蛮好，蛮蛮蛮好。

波卓　（热情洋溢。）祝福你们，诸位，祝福你们！（略停。）我是多么需要鼓励！（略停。）我在结束的时候有点儿后劲不足，你们注意到了没有？

弗拉季米尔　哦，也许仅仅有极小极小的一丁点儿。

爱斯特拉冈　我还以为是故意这样的哩。

波卓　你们瞧，我的记性不怎么好。

（沉默。）

原作赏析

　　萨缪尔·贝克特（Samuel Beckett，1906—1989），爱尔兰先驱派小说家和剧作家，用英语和法语双语进行写作，是公认的20世纪最具有影响力的作家之一。贝克特于1906年出生于爱尔兰首都都柏林市，1927年毕业于都柏林的三一学院，获法文和意大利文学士学位，随后在巴黎高等师范学校任英文讲师。1931年回到三一学院教授法文，同时研究笛卡尔的哲学思想，获硕士学位。1932年以后，贝克特漫游欧洲，并为先锋派杂志撰稿。1938年定居巴黎。第二次世界大战爆发后，德国侵占巴黎，他参加了地下抵抗组织。为躲避盖世太保的搜捕，他曾隐居农村，并进行长篇小说《瓦特》（*Watt*，1944）的创作。1945年贝克特回到爱尔兰，在爱尔兰红十字会工作。战争结束后，他回到巴黎，继续用法文进行文学创作。贝克特与爱尔兰作家乔伊斯（James Joyce）之间有着长期的友谊和艺术上的共鸣，他的小说受到乔伊斯创作的深刻影响。他曾与人合作把乔伊斯的一些作品译成法文。1969年，贝克特获得诺贝尔文学奖。

　　贝克特从20世纪20年代末开始创作，写过诗歌、戏剧、小说、文学评论、电视剧本等。他最重要的小说都是在战后的5年内在巴黎创作的，包括《马洛伊》（Molloy）、《马洛恩死了》（*Malone Dies*）、《无名的人》（The Unnamable）。贝克特的小说，曾吸取过意识流小说的内心独白等艺术手法，主要表现在荒诞的处境中所感到的抽象的心理苦闷。他的小说在形式上表现出违反传统的"荒诞性"，它没有完整的情节，没有明确的地点和时间，没有传统的开端、高潮和结尾，也没有完整的人物形象。

贝克特以戏剧成就最为杰出。《等待戈多》(*Waiting for Godot*，1952)使他一举成为"荒诞派戏剧"流派中最重要的作家。该剧1953年在巴黎第一次出演，以其荒诞色彩和战后西方普遍的伤感失望情绪轰动了西方。在这个剧本里，贝克特反映了现实社会的混乱，人们心中的惶恐和惴惴不安的希望。此后，贝克特陆续创作了《哑剧 I》(*Act Without Words I*，1956)、《哑剧 II》(*Act Without Words* II，1956)、《克拉普最后一盘录音带》(*Krapp's Last Tape*，1958)、《啊，美好的日子》(*Happy Days*，1963)等荒诞戏剧，在创作上，贝克特越来越远离传统舞台模式，趋向荒诞，成为荒诞派戏剧的代表性作家。

贝克特深受存在主义哲学的影响。存在主义的观点认为，人非在本质上善或恶，都是选择使然。他的戏剧中也反映了这种观点，存在是荒诞的，命运是不可知的。戏剧评论家称贝克特的戏剧为彻底反戏剧的创作。他的剧本中见不到传统的戏剧因素，诸如冲突、转折、高潮、结局；其中无性格鲜明的人物形象，无扣人心弦的戏剧冲突，舞台设计得也很空旷；剧中的象征意义需要观众自己去体会。

贝克特的全部作品中，当属《等待戈多》是翻译和演出场次最多，也是最具代表性的。欧美戏剧专家汪义群评价："贝克特的《等待戈多》，体现了世界的不可知，命运的无常，人的微不足道以及行为的无意义等典型的存在主义观点，在一定程度上给人们描绘了人类在一个荒谬的宇宙中的尴尬处境。"[①]

《等待戈多》(*Waiting for Godot*) 是一出两幕剧，剧中描述两个流浪汉，

---

① 汪义群：《西方现代戏剧流派作品选（五）》，北京：中国戏剧出版社，2005年，第11页。

他们无所事事，只是在等待一个叫戈多的人。登场的人物共有五个：两个流浪汉——爱斯特拉冈（又名戈戈）和弗拉季米尔（又名狄狄），波卓和他的奴隶幸运儿，还有一个小男孩。第一幕写两个身份不明的流浪汉，在黄昏的乡间小路边的一棵树下，等待从未谋面的戈多的到来，二人等得无聊，便开始了语无伦次的闲谈与无聊透顶的动作。他们错把前来的波卓和幸运儿当作了戈多。直到快天黑时，来了一个男孩，他送口信说，戈多今晚不来，明晚准来。第二幕，次日黄昏，两个流浪汉如昨天一样在等待戈多的到来。不同的是枯树长出了四五片叶子，又来的波卓成了瞎子，幸运儿成了哑巴。天黑时，男孩又捎来口信，说戈多今晚不来，明晚准来。男孩走后，两个流浪汉大为绝望，又想起了上吊，解下裤带子，但一拉就断了，想死没有死成，想走却又站着不动，只好明天再等……

《等待戈多》在中国学界的翻译有两个版本，分别是由施咸荣从英语翻译的版本和余中先从法语翻译的版本。由于20世纪60年代中国特殊的社会形势，《等待戈多》最早于1965年由施咸荣从英文版本被翻译成中文，以"黄皮书"（内部参考资料）的形式供一定范围内读者阅读，20世纪80年代始，该译文被收入众多外国文学作品选或外国戏剧集，作为文学文本供读者阅读，如1983年被收进外国文学出版社出版的《荒诞派戏剧选》及1984年上海文艺出版社出版的《外国现代派作品选·第三册（上部）》；21世纪后，更被选入高中语文教材，有了更多的读者。《等待戈多》对中国戏剧的变化和发展产生了重要的影响，让中国戏剧家看到了一种崭新的戏剧形式，改变了传统戏剧中演员和观众的交流方式，拓展了舞台的表现空间。2006年余中先将《等待戈多》从法语版本翻译成中文。此章选择的是施咸荣译本。

译文赏析

施咸荣，1927年4月11日出生于浙江，中学在上海法国天主教会的圣芳济学院学习英、法文。1949年，他考入清华大学外文系，在大学一年级时就用英文在外国杂志《密勒氏评论报》上发表了一篇关于中国土地改革的报道，该杂志以头版头条发表了这篇文章。有意思的是，这件事让施咸荣在高兴之余又觉遗憾，原因是他不会用中文写作，于是，他决定用免修英语基础课的时间主攻中文课程，同时练习翻译，通过英译中提高中文水平。为了提高翻译水平，他认真学习北方作家的作品，从杂志上学习工农兵的语言及民间口语，同时加紧对古典文学的学习。1950 年 10 月，施咸荣在《光明日报》发表一篇译作短篇小说《最幸福的人》，被收辑在1952 年初中语文课本第四册中。1951 年他在《人民文学》上发表马尔兹小说的译作，1952 年翻译了格罗斯曼的小说。此后，他的其他译作陆续发表在《光明日报》《译文》等报刊上。这些译作被收集成两个短篇小说集《马戏团到了镇上》（1951）、《生命的胜利》（1952），在上海文化工作出版社出版。1952 年由于院校调整，施咸荣转入北京大学学习，1953 年毕业于北京大学西语系；同年 8 月到人民文学出版社外国文学编辑室工作，负责英美文学的审稿、订稿和编辑工作；在此期间主持编辑出版《莎士比亚全集》《哈代选集》《司各特选集》《萨克雷选集》等大量外国名著。现在我们能读到有中文之美的莎翁全集，除却译者的笔力，有相当一部分功劳是要归于施先生对译著的补充、润色与校检。此外，该全集的序也出自施先生之手，但是直至全集一版再版，施先生才署了名。在业余时间，施咸荣仍然坚持翻译和研究工作，译介了许多外国文学经典与当时最新的文学思潮。其在晚年对美国通俗文学的译介，填补了外国文学研究领域的一项空白。1954 年翻译了美国黑人作家休士等著的《黑人短篇小说选》，在 60 年代初翻译了《在路上》（合译，1962）、《麦田里的守望者》（1963）、《等待戈多》（1965）等著名现代派作品。在此期间，他还翻译了《希腊悲剧故事集》《王冠上的宝石》《甜酒与可口可乐》等作品，译作有 300 万字左右。"文革"开始后，在湖北五七干校劳动期间，施咸荣依然没有中断对外国文学的研究，他说"人总应有精神追求，我在喂猪的时候也想到外国文学总是有用的"①。"文革"结束后，施咸荣认为"应将外国可取的东西翻译过来，让'读者、作家'开开眼"②。1981 年，施咸荣调入中国社会科学院美国研究所，任美国文化研究室主任、文学所副所长、研究员。国内最早的一本《美国文学简史》就是由他和董衡巽共同写就的。施咸荣是第一个将《等待戈多》翻译成中文的译者。由于他是英语专业出身，因此他选择的《等待戈多》是其英文译文。

　　在《文学翻译杂感》一文中，施咸荣先生对文学翻译有无直译、意译之分的回答是："我认为基本上没有。……文学翻译不结合对原作和原作家的研究，是难以想象的……这里主要课题是用不同民族的不同语言来表达同一思想、感情，很难有所谓'直译''意译'之分……从理论上讲，翻译只有'信'，不存在所谓的'直译'……译者必须结合上下文来决定哪种译法更传神，更能表达作者的本意。"③施先生强调的是，在翻译过程中要具体情况具体分析，只要能很好地表达原作的精神，直译和意译都可取。所以施咸荣先生翻译的《等待戈多》在忠实于原作的同时，表达也很顺畅，保留了原文的语言和文化差异，把西方荒诞派戏剧介绍到中国，给读者呈现了面目一新的异域文化。

　　戏剧文本中的舞台指示语提供了包括时间、地点、人物、动作、表情在内的一系列情境信息，为整部剧设定了感情基调，给观众或读者提供更好的视觉效果。只有译本中舞台指示语所传递的情境与源文本中的情境相同，才能说这部译作很好地传达了原作内容与精神。下面我们看看第一幕开场时的舞台指示语：

　　　[*A country road.　　A tree.*]

---

　　①　施咸荣:《西窗集：施咸荣论英美文学与文化》，南京，译林出版社，2012 年，第 300 页。

　　②　施咸荣:《西窗集：施咸荣论英美文学与文化》，南京，译林出版社，2012 年，第 301 页。

　　③　施咸荣:《西窗集：施咸荣论英美文学与文化》，南京，译林出版社，2012 年，第 290—291 页。

[*Evening.*]

[*Estragon, sitting on a low mound, is trying to take off his boot. He pulls at it with both hands, panting. He gives up, exhausted, rests, tries again. As before.*]①

施咸荣译文：

乡间的一条路。一棵树。

黄昏。

爱斯特拉冈坐在一个低低的土墩上，想脱掉靴子。他用两手使劲拉着，直喘气。他停止拉靴子，显出精疲力竭的样子，歇了会儿，又开始拉靴子。如前。②

余中先译文：

乡间一条路，有一棵树。

傍晚。

爱斯特拉贡坐在一块石头上，想脱下鞋子。他用两只手使劲地拽，累得直喘气。他筋疲力尽地停下来，一边喘气，一边休息，随后开始脱鞋。同样的动作。③

总体而言，两个译本都考虑到了舞台指示语所具有的说明性特点，传

---

① Samuel Beckett. *Waiting for Godot.* London：Faber and Faber Limited, 1965, p. 2. 本章所选贝克特《等待戈多》原文均出自此书。

② 施咸荣：《等待戈多》，北京：人民文学出版社，2002 年，第 12 页。本章所选施咸荣《等待戈多》译文均出自此书。

③ 余中先：《等待戈多》，湖南：湖南文艺出版社，2013 年，第 7 页。本章所选余中先《等待戈多》译文均出自此书。

递出了源文本的场景。但相比之下，施译本更为忠实、客观。"A country road. A tree." 从句法结构看，这是两个名词，两个句子，余译将原文的两个句子合为一个句子，而施译完全忠实于原文，译为两个名词，两个句子"乡间的一条路。一棵树。"很好地传达了原文要表达的舞台效果，营造出一种萧条、孤清的气氛，让读者或观众瞬间能感受到这一孤寂的氛围。"mound" 在《朗文当代英语大辞典（英英·英汉双解）》中的解释为 a pile of earth, stones etc, often one built in ancient times as a defence or over a grave; a small hill（土［石］堆，土丘）。余将其译为"石头"，施译为"土墩"，均符合词语的本来含义，而 "boot" 在字典中的解释是 a covering of leather or rubber for the foot and ankle, usually heavier and thicker than a shoe（长筒靴子，高腰鞋），很明显，此处施译的"靴子"符合此词的含义，且忠于原作。

为了让读者感受到戏剧的鲜活生动，译者可以充分挖掘语言潜力，最大限度地符合目的语的表达习惯，使目的语读者能获得和源语读者同样的感受。看看下面的例子。

原文：

VLADIMIR　Did you ever read the Bible?

……

ESTRAGON　I remember the maps of the Holy Land. Coloured they were. Very pretty. The Dead Sea was pale blue. The very look of it made me thirsty. That's where we'll go, I used to say, that's where we'll go for our honeymoon. We'll swim. We'll be happy.

施咸荣译文：

弗拉季米尔　你读过《圣经》没有？

......

爱斯特拉冈 我只记得圣地的地图。都是彩色图。非常好看。死海是青灰色的。我一看到那图，心里就直痒痒。这是咱俩该去的地方，我老这么说，这是咱们该去度蜜月的地方。咱们可以游泳。咱们可以得到幸福。

余中先译文：

弗拉第米尔 你读过《圣经》吗？
......

爱斯特拉贡 很可能。我还记得圣地的地图。彩色的。很漂亮。死海是浅蓝色的。光是两眼直直地瞧着它，我就已经口渴了。我心里说，那里正是我们要去度蜜月的地方。我们要去游泳。我们将很幸福。

"The very look of it made me thirsty"，句中"thirsty"是双关词，其字面意思是"口渴的"，引申意为"渴望的，渴求的"，所以此句具有双重意义：一方面，人们自然会将水与身体的干渴联系起来；另一方面，从爱斯特拉贡的话中可以看出，死海是他们想去度蜜月的地方，如果他们去了那里，那将是他们的幸福。青灰色的海水是不会让人产生口渴想喝水的欲望，施将其翻译成"心里就直痒痒"，与上下文的衔接更紧密，忠实于原作，这样目的语背景下的观众就很容易明白此句的隐含意义了。余将其翻译为"口渴"，这只是句子的表面意思，无法表达作者真正想表达的含义。

由于历史、时代背景、意识形态和宗教信仰等的不同，不同民族的语言表达习惯和文化意象存在差异，因此在翻译时应得当处理文化词的翻译。看看下面的例子。

ESTRAGON　It hurts?

VLADIMIR　[*Angrily.*] Hurts! He wants to know if it hurts!

ESTRAGON　[*Pointing.*] You might button it all the same.

VLADIMIR　[*Stooping.*] True. [*He buttons his fly.*] Never neglect the little things of life.

施咸荣译文：

爱斯特拉冈　*你也脚疼？*

弗拉季米尔　*脚疼！他还要知道我是不是脚疼！（弯腰。）从来不忽略生活中的小事。*

余中先译文：

爱斯待拉贡：*你也脚疼过？*

弗拉第米尔：*脚疼！他在问我是不是脚疼过！*

爱斯特拉贡：*（伸出食指。）这可不是一个理由，让你可以不扣扣子。*

弗拉第米尔：*（弯腰看。）真的没扣啊。（他扣扣子。）生活小事不可随随便便。*

从原文可以看出，两个流浪汉之间有两轮对话，共四句话，施译中省略了爱斯特拉冈的第二句话，并将弗拉季米尔的两个独立句子合并为一句。"fly" 在《朗文当代英语大辞典（英英·英汉双解）》中的解释为 the front opening of a pair of trousers, with a band of cloth on one side to cover the fastenings（裤子上的纽扣）。在 20 世纪 60 年代，"他扣扣子"这样的行为在公共场合会被认为是淫秽的。考虑到戏剧的表演功能和目标语读者的审美可接受性，施译省略了这两种行为的文本。余先生在 2006 年，一个全新的、不同的时代翻译此作，目标读者和社会意识形态均可接受这种言行，这可能只是被视为一个笑话或一种很好的娱乐方式。因此，余译忠实于原作，传达了原文的效果。由于所处时代背景不同，译者在翻译策略的选择上会有所不同。

称谓是对人物的身份和职业等的体现，它不仅反映人的社会属性，也反映人的价值观和不同社会阶层的特征，与一定的社会结构、政治背景和传统观念密切相关。《等待戈多》的创作背景发生在 20 世纪中期，剧中人物中只有波卓是有"身份"的人，来看看对这一人物称谓的翻译。

原文：

ESTRAGON　[*Timidly.*] Please Sir...

POZZO　What is it, my good man?

ESTRAGON　Er...you've finished with the...er...you don't need the...er...bones, Sir?

VLADIMIR　[*scandalized.*] You couldn't have waited?

……

[*Estragon goes towards Lucky, stops before him.*]

ESTRAGON　Mister...excuse me, mister...

POZZO　You're being spoken to, pig! Reply! [*To Estragon.*] Try him again.

ESTRAGON　Excuse me, Mister, the bones, you won't be wanting the bones?

施咸荣译文：

爱斯特拉冈　（怯生生地。）劳驾啦，老爷……

波卓 什么事，我的好人儿？

爱斯特拉冈 嗯……您已经吃完了……嗯……您不再需要……嗨……这些骨头了吧，老爷？

弗拉季米尔 （觉得可耻。）你不能再等一会儿？

……

［爱斯特拉冈走向幸运儿，在他前面站住。］

爱斯特拉冈 先生……对不起，先生……

波卓 有人在跟你讲话，猪！回答！（向爱斯特拉冈。）跟他再说一遍。

爱斯特拉冈 对不起，先生，这些骨头，您还要不要？

余中先译文：

弗拉第米尔 （怯生生地。）先生……

波卓： 有什么事情吗，我的好人儿？

爱斯特拉贡 哎……您不吃……哎……您不再需要……这些骨头……是吗……先生？

弗拉第米尔 （觉得有些耻辱。）你就不能等一等吗？

……

［爱斯特拉贡走向幸运儿，在他面前停下了步子。］

爱斯特拉贡 先生……对不起，先生……

幸运儿没有反应。波卓甩响了鞭子。幸运儿抬起了脑袋。

波卓： 猪猡，有人跟你说话呢。快回答。（对爱斯特拉贡。）你说吧。

弗拉第米尔 对不起先生……那些鸡骨头，您是不是还要？

这是两个流浪汉和奴隶主波卓和他的奴隶幸运儿之间的对话。在见到两个流浪汉后，波卓想先休息一下，然后再继续前行。休息期间，波卓吃鸡肉垫腹。与两个流浪汉的食物——胡萝卜和萝卜相比，波卓的食物显然是一场"盛宴"，直让爱斯特拉冈流口水。波卓吃罢，爱斯特拉冈向波卓要他吃剩的骨头。"（怯生生地）劳驾啦，老爷"这是一个典型的旧社会表达习惯，"老爷"是旧中国对官僚、主人或贵族的礼貌称呼。在原作中，波卓是以奴隶主的形象出现的，有一个奴隶陪伴着他，所以他是一个有社会地位的人，施将"Sir"译成"老爷"，符合当时的时代背景，实现了文化等值，表现出了流浪汉企图通过讨好波卓而获取食物的谄媚之相，满足了目标读者的文化接受度。相比之下，余将"Sir"翻译成"先生"，中国传统中，"先生"指"教师、医生、老人或从事会计等特殊职业的人"，1949年后，旧的礼节已被废除，不再存在这种等级称谓，"先生"已成为男性日常生活中常见的称呼形式。且在随后爱斯特拉贡对奴隶幸运儿的称谓"Mister"也译为"先生"，从称谓上没有显示出两人的身份地位高低来，会让读者误认为波卓和幸运儿是平等的身份，使得爱斯特拉贡对波卓的讨好和乞讨的语气受到了影响。

戏剧语言的口语化、简洁化是戏剧翻译时应遵循的原则之一，在翻译过程中，译者要考虑到文本用语的语言特点，可以选用口语、方言等翻译策略，使得语言通俗浅近，既能让目标语读者对剧中台词产生熟悉感，又能映射剧中的人物特征，方便目标语读者接受。来看看下面的例子。

原文：

POZZO　How did you find me? [*Vladimir and Estragon look at him blankly.*] Good? Fair? Middling? Poor? Positively bad?

VLADIMIR　[*First to understand.*] Oh very good，very very good.

POZZO　[*To Estragon.*] And you, Sir?

ESTRAGON　Oh tray bong, tray tray tray bong.

施咸荣译文：

波卓 你们觉得我怎样？（弗拉季米尔和爱斯特拉冈呆呆地望着他。）很好？还好？过得去？马马虎虎？肯定很坏？

弗拉季米尔 （首先理解他的意思。）哦，非常好，非常、非常好。

波卓 您说呢，先生？

爱斯特拉冈 哦，蛮好，蛮蛮蛮好。

余中先译文：

波卓 你们觉得我怎么样？（爱斯特拉贡和弗拉第米尔愣愣地瞧着他，没听明白。）很好？一般？还行？马马虎虎？还是真的很坏？

弗拉第米尔 （第一个明白过来。）哦，很好，非常非常好。

波卓 （对爱斯特拉贡。）那么您呢，先生？

爱斯特拉贡 （带着英国口音。）哦，太好了，太太太好了。

这段对话是奴隶主波卓要两个流浪汉对他个人作出评价时的情景。"très bon"是法语词，一般用于评价感官上的感受，爱斯特拉冈使用英语腔调的法语回答了波卓的问题。施译将其译为"蛮好"，具有典型的汉语文化特征，"蛮好"意为"很好"，虽是方言，但很多人都会使用，所以施译的处理方法很独特、很得当，用方言来对应法语更合适一些，体现了原文所包含的文化特色。余译为"太好了"，没有体现出两个流浪汉使用语言上的差异性。

再如爱斯特拉冈问弗拉季米尔到底要求戈多为他们做些什么时，弗拉季米尔回答说没提出什么明确的要求，爱斯特拉冈问戈多怎么回答的，后

者回答道 "That he'd see"，施译为 "说他瞧着办"，余译为 "说他走着瞧"，"走着瞧" 的主语是第一人称复数，表达一种较量、愤怒之感，在汉语的表达习惯中常说 "咱们走着瞧"；原句中的主语为 "he"，显然施译 "瞧着办" 更符合汉语的口语表达习惯。

总之，由于施咸荣先生的学者身份，他的翻译目标是以译介《等待戈多》为主，所以其译本以 "异化" 的翻译策略为主，忠实地传达了原文，使中国读者得以了解西方戏剧以及承载其内涵的异质文化；同时，受当时所处时代背景和社会环境的制约，施先生采用了省略和符合目的语文化语境的翻译策略，让目标语读者更容易接受。

🔍 思考与阅读

作为经久不衰的权威译本，施咸荣先生翻译的《等待戈多》忠实、洗练，受众最广。导演孟京辉排演的《等待戈多》选用的就是施咸荣的译本，在排演这部剧时特邀施先生担任该剧的文学顾问，并请他与剧组分享自己对原著的体会、感悟。该剧的成功演出成为了不少先锋艺术者的集体记忆。著名戏剧理论家杜高对施咸荣翻译《等待戈多》的历史意义给予了很高的评价："《等待戈多》不仅让中国戏剧家看到了一种崭新的戏剧流派和一种奇异的戏剧形式，不仅认识了一种新的艺术思潮和戏剧反映人的现实情绪的独特的艺术视角，从而接触到一种现代的新的艺术观念，它既拓展了舞台的表现空间，又改变了传统的演员和观众的交流方式。……随着施咸荣的中译本的出现和流传，一种与中国主流意识相冲突的戏剧观念开始萌生，它启迪人们思考用新的艺术方式从更广阔的层面反映社会生活的真实。"[①] 在翻译选材上，施先生总是站在中国读者的角度上，希望译作能给读者乃至中国文学界带来积极的影响。他坚持译介英美近现代新作，介绍国外当代的文化成果和社会现象，使读者能看到色彩斑斓的异国

---

① 杜高：《施咸荣和〈等待戈多〉》，《文汇读书周报》，2005 年 3 月 18 日。

世界。由于当时所处的社会形势，在选择翻译《等待戈多》和《麦田里的守望者》时，施先生承受了很大的压力，但他内心坚定地认为"搞翻译就好比在中外文化之间架桥，帮人跨桥沟通，架桥人担当一点算不了什么"，重要的是可以让更多的人了解更加真实的美国，促进中国文学界的发展。施先生不赞成译者在自己的文字风格定型后，再根据自己的风格来选择要翻译的作品，施先生认为："总的说来，我认为译者只能忠实地表达原作的风格，而不应该有自己的风格……应尽可能表达原作的风格。"[①]事实证明，这两部译作的质量都很高，受到了读者的欢迎。请大家找来施先生的译作《麦田里的守望者》阅读，认真体会译者的翻译风格，并比较《等待戈多》和《麦田里的守望者》这两个译本在翻译特点上有何相似之处。是否遵循了施先生"译者只能忠实地表达原作的风格，而不应该有自己的风格""把原作的形象用另一种语言最完整地表达出来"这一翻译观点？

翻译难，是翻译家们的共识，难在何处？施先生认为主要难在精益求精。该如何面对翻译中出现的难题？施先生的切身体会是："首先应该对原著有透彻的理解，但有时译者本人的文化修养与知识不及原作者，因此不得不努力做些补救工作，多查工具书和参考书。"[②]而且施先生认为"译者们应该更虚心地互相切磋学习，交流经验，以求共同提高"[③]。中国作家协会副主席、中国现代文学馆馆长陈建功说："施先生是我最为敬佩的翻译家之一，认识先生后得以常常向他请教，无论为文还是为人，都从先生那里得到诚恳的帮助和有益的启迪。"[④]从施先生的体会和陈建功的评价中，我们可以看出施咸荣先生勤奋、严谨的翻译态度，这是否正是我们需要学习并且秉承的学习态度呢？

---

① 施咸荣：《西窗集：施咸荣论英美文学与文化》，南京，译林出版社，2012 年，第 297 页。

② 施咸荣：《忆文学二三事》，载《世界文学》，1991 年第 6 期。

③ 施咸荣：《忆文学二三事》，载《世界文学》，1991 年第 6 期。

④ 苏榕：《施咸荣翻译学术研讨会在北京举行》，《社会科学论坛》，2005 年第 1 期（卷）。

以下是我们推荐的一些基础读物。

（1）Samuel Beckett. *Waiting for Godot.* London：Faber and Faber Limited, 1965.

（2）施咸荣：《等待戈多》，北京：人民文学出版社，2002 年。

（3）施咸荣：《西窗集：施咸荣论英美文学与文化》，南京：译林出版社，2012 年。

（4）余中先：《等待戈多》，湖南：湖南文艺出版社，2013 年。

（5）华明：《荒诞派戏剧》，河北：河北教育出版社，2003 年。

（6）朱虹：《荒诞派戏剧集》，上海：上海译文出版社，1980 年。

（7）施咸荣：《麦田里的守望者》，南京：译林出版社，2001 年。

第八章　奥尼尔《长夜漫漫路迢迢》
（乔志高译）

He's not so funny when you're his landlord.

He's a wily Shanty Mick, that one.

He could hide behind a corkscrew.

What's he complaining about now?

————*Long Day's Journey into Night*

要是你是他的地主，

你才不会觉得他滑稽呢。

他是个调皮得要命的爱尔兰大滑头，

一肚子的鬼。

他又在咕哝些什么？

————《长夜漫漫路迢迢》

Long Day's Journey into Night
——Eugene O'Neil

In the left wall, a similar series of windows looks out on the grounds in back of the house. Beneath them is a wicker couch with cushions, its head toward rear. Farther back is a large, glassed-in bookcase with sets of Dumas, Victor Hugo, Charles Lever, three sets of Shakespeare, The World's Best Literature in fifty large volumes, Hume's History of England, Thiers' History of the Consulate and Empire, Smollett's History of England, Gibbon's Roman Empire and miscellaneous volumes of old plays, poetry, and several histories of Ireland. The astonishing thing about these sets is that all the volumes have the look of having been read and reread.

The hardwood floor is nearly covered by a rug, inoffensive in design and color. At center is a round table with a green shaded reading lamp, the cord plugged in one of the four sockets in the chandelier above. Around the table within reading-light range are four chairs, three of them wicker armchairs, the fourth (at right front of table) a varnished oak rocker with leather bottom.

It is around 8:30. Sunshine comes through the window at right.

As the curtain rises, the family have just finished breakfast. MARY TYRONE and her husband enter together from the back parlor, coming from the dining room.

Mary is fifty-four, about medium height. She still has a young, graceful figure, a trifle plump, but showing little evidence of middle-aged waist and hips, although she is not tightly corseted. Her face is distinctly Irish in type. It must once have been extremely pretty, and is still striking. It does not match her healthy figure but is thin and pale with the bone structure prominent. Her nose is long and straight, her mouth wide with full, sensitive lips. She uses no rouge or any sort of make-up. Her high forehead is framed by thick, pure white hair. Accentuated by her pallor and whit hair, her dark brown eyes appear black. They are usually large and beautiful, with black brows and long curling lashes.

TYRONE　You're a fine armful now, Mary, with those twenty pounds you've gained.

MARY　[*Smiles affectionately.*] I've gotten too fat, you mean, dear. I really ought to reduce.

TYRONE　None of that, my lady! You're just right. We'll have no talk of reducing. Is that why you ate so little breakfast?

MARY　So little? I thought I ate a lot.

TYRONE　You didn't. Not as much as I'd like to see, anyway.

MARY　[*Teasingly.*] Oh you! You expect everyone to eat the enormous breakfast you do. No one else in the world could without dying of indigestion. [*She comes forward to stand by the light of table.*]

TYRONE　[*Following her.*] I hope I'm not as big a glutton as that sounds. [*With hearty satisfaction.*] But thank God, I've kept my appetite and I've the digestion of a young man of twenty, if I am sixty-five.

MARY　You surely have, James. No on could deny that.

[*She laughs and sits in the wicker armchair at right rear of table. He comes around in back of her and selects a cigar from a box on the table and cuts off the end with a little clipper. From the dining room Jamie's and Edmund's voice are heard. Mary turns her head that way.*]

[Why did the boys stay in the dining room, I wonder? Cathleen must be waiting to clear the table.]

TYRONE [*Jokingly but with an undercurrent of resentment.*] It's a secret confab they don't want to hear, I suppose. I'll bet they're cooking up some new scheme to touch the Old Man. [*She is silent on this, keeping her head turned toward their voices. Her hands appear on the table top, moving restlessly. He lights his cigar and sits down in the rocker at right of table, which is his chair, and puffs contentedly.*] There's nothing like the first after-breakfast cigar, if it's a good one, and this new lot have the right mellow flavor. They're a great bargain, too. I got them dead cheap. It was McGuire put me on to them.

MARY [*A trifle acidly.*] I hope he didn't put you on to any new piece of property at the same time. His real estate bargains don't work out so well.

TYRONE [*Defensively.*] I wouldn't say that, Mary. After all, he was the one who advised me to but that place on Chestnut Street and I made a quick turnover on it for a fine profit.

MARY [*Smiles now with teasing affection.*] I know. The famous one stroke of good luck. I'm sure McGuire never dreamed— [*Then she pats his hand.*] Never mind, James. I know it's a waste of breath trying to convince you you're not a cunning real estate speculator.

......

JAMIE [*Moved, his love for his brother coming out.*] Poor kid! God damn it! [*He turns on his father accusingly.*] It might never have happened if you'd sent him to a real doctor when he first got sick.

TYRONE What's the matter with Hardy? He's always been our doctor up here.

JAMIE Everything's the matter with him! Even in this hick burg he's rated third class! He's a cheap old quack!

TYRONE　That's right! Run him down! Run down everybody! Everyone is a fake to you!

JAMIE　[*Contemptuously.*] Hardy only charges a dollar. That's what makes you think he's a fine doctor!

TYRONE　[*Stung.*] That's enough! You're not drunk now! There's no excuse— [*He controls himself—a bit defensively.*] If you mean I can't afford one of the fine society doctors who prey on the rich summer people—

JAMIE　Can't afford? You're one of the biggest property owners around here.

TYRONE　That doesn't mean I'm rich. It's all mortgaged—

JAMIE　Because you always buy more instead of paying off mortgages. If Edmund was a lousy acre of land you wanted, the sky would be the limit!

......

TYRONE　[*Pours a drink.*] A waste! A wreck, a drunken hulk, done with and finished! [*He drinks. Jamie has become restless, sensing his father's presence, struggling up from his stupor. Now he gets his eyes open to blink up at Tyrone. The latter moves back a step defensively, his face growing hard.*]

JAMIE　[*Suddenly points a finger at him and recites with dramatic emphasis.*] Clarence is come, false, fleeting, perjured Clarence,

That stabbed me in the field by Tewksbury.

Seize on him, Furies, take him into torment.

[*Then resentfully.*] What the hell are you staring at?

[*He recites sardonically from Rossetti.*]

"Look in my face. My name is Might-Have-Been;

I am also called No More, Too Late, Farewell."

TYRONE　I'm well aware of that, and God knows I don't want to look at it.

EDMUND　Papa! Quit it!

JAMIE　[*Derisively.*] Got a great idea for you, Papa. Put on revival of "The Bells" this season. Great part in it you can play without make-up. Old Gaspard, the miser!

[*Tyrone turns away, trying to control his temper.*]

EDMUND　Shut up, Jamie!

《长夜漫漫路迢迢》
乔志高　译

　　左边墙上也同样地有几扇窗户，窗外可以看见房子的后院。窗前，头冲着后台，放着一张藤榻，上面有椅垫。再往后有一个带玻璃门的大书橱，里面有整套的大仲马全集、雨果和查理斯·利佛全集、三套莎士比亚戏剧集、五十厚册的《世界文学精选》、休谟的《英国史》、梯也尔的《法国执政与复辟时代史》、斯摩莱特的《英国史》、吉本的《罗马帝国兴亡史》，以及其他拉杂的旧剧本、诗集，还有好几部爱尔兰历史。令人惊奇的是这些整套的书，一卷一卷看上去都有人读过，而且读过不止一遍的样子。

　　屋子里的贞木地板上差不多全部盖上了一张地毯，花纹和色调看上去都不讨厌。屋子中间放着一张圆桌，桌上有一盏绿色灯罩的台灯，电线插在顶上的四个吊灯插口中的一个上。桌子周围台灯光线所及之处有四把椅子，三把是藤圈椅，另外一把（在桌子的右前方）是一张油得光亮的橡木摇椅，上面有皮垫子。

　　时间是早上八点半。阳光从右边的几扇窗户射进来。

　　幕起时，全家方才用过早点。玛丽·蒂龙和她的丈夫一同从饭厅里穿过后客厅出来。

　　玛丽年纪五十四岁，中等身材。她身段依旧苗条，只是丰腴一点儿，虽然未穿紧身内衣，但并无中年妇人腰身臃肿的现象。她的脸一望即知是爱尔兰人，年轻时一定非常俊俏，即使如今，相貌还是出众。可是，她面容苍白、消瘦，颧骨很高，比不上她身体的健美。她的鼻子长而且直，嘴很宽，嘴唇丰满而又敏感。她脸上没有涂脂抹粉，高高的额骨上面一头厚厚的头发已经全白，加上面色苍白使她深棕色的眼珠显得乌黑。她的双眼特别大而美，眉毛很黑，眼睫毛又长又卷。

蒂龙　玛丽，你现在重了二十磅，抱起来可以抱个满怀了。

玛丽　（亲热地一笑。）你的意思是我太胖了。我真应该减肥才对。

蒂龙　没有这话，我的太太！你现在正好，不多不少。我们不许说什么减肥的话。是不是为了这个缘故，你吃早点吃得那么少？

玛丽　那么少？我还以为我吃得挺多的呢。

蒂龙　你没有吃多少。我巴不得你多吃一点儿。

玛丽　（逗着他玩。）你这个人！你要每一个人都像你那样吃一大堆早点。别人要是那样塞，早就胀死了。（她向前一步，站在圆桌的右边。）

蒂龙　（跟着她上前来。）我希望我不是像你说的那样一个大饭桶。（自鸣得意。）可是感谢上帝，我的胃口还好。我的消化力跟二十岁的小伙子一样强，尽管你说我六十五岁了。

玛丽　一点儿也不错，詹姆士。谁也没有你饭量大。（她笑起来，一面在圆桌右边一张藤椅上坐下来。蒂龙从她背后绕到前面桌上烟盒里选了一根雪茄，然后用小剪刀将烟尾剪掉。从饭厅里传来杰米和埃德蒙的说话声。玛丽把头掉转过那边去。）

（我不懂两个孩子为什么还待在饭厅里。凯思琳一定在等着收拾桌子。）

蒂龙　（半开玩笑，同时骨子里微带愠意。）两人又在捣什么鬼不愿意我听见。我敢打赌他又在想什么新主意来敲老爹的竹杠了。（她听了这话也不作声，只把头转向说话声音传来的方向，她的两手在桌面上不安地动来动去。他点起雪茄，在桌右边的摇椅——他惯坐的椅子上坐下，心满意足地抽着烟。）早饭后第一根雪茄，味道再好不过了，如果是上等雪茄的话。我新买的这一批就不错，烟味很醇，而且价格公道得不得了，讨了一个大便宜。是麦桂告诉我在哪儿买的。

玛丽　（略尖刻的口吻。）我希望他没同时告诉你再去哪儿买块地皮，跟着他讨便宜买地皮结果总是倒霉。

蒂龙　（维护着自己。）也不能这么说，玛丽。你还记不记得，不是他劝我买下栗树街那幢房子的吗，结果我买进卖出很快就赚了一笔？

玛丽　（听了这话不禁微笑，又亲热地逗着。）我怎么不记得？你破天荒第一次走运。麦桂做梦也没想到——（说到这里她忽然止住，轻轻地拍拍他的手。）算了吧，詹姆士。我知道说你没有本事做地产生意发大财，你一辈子也不会相信的。

……

杰米　（伤心地，手足之情油然而生。）可怜的小弟！他妈的！（他掉转脸来狠狠地指控他父亲。）要是当初他一生病的时候，你就让他去看一个真正靠得住的医生，事情绝对不会弄成这样。

蒂龙　哈代医生有什么不对的地方？我们家在这里不是老找他看病？

杰米　他什么都不对！就连在这个倒霉的乡下地方，他也只能算作三流的医生！他是一个招摇撞骗的蹩脚郎中！

蒂龙　你骂好了，尽管骂好了！什么人你都骂！什么人在你眼中都是骗子！

杰米　（侮蔑地。）哈代医生每次诊费只收一元，凭这个，你就认为他是一个好大夫！

蒂龙　（似乎被人打了一巴掌。）住嘴！你现在并没喝醉！你没有理由这样——（他勉强按捺住自己的火气——微带狡辩的口吻。）你是要说我请不起那班专门敲阔佬竹杠的时髦医生——

杰米　请不起？你是这一带地产最多的财主。

蒂龙　地产多也不一定就是财主，都抵押掉了——

杰米　那是因为你还没有付清就要再买，老是要买地，没完没了地买。假如埃德蒙是一块倒霉的地皮，你要想买，那么天大的价钱你都舍得出！

……

蒂龙　（斟了一杯酒。）糟蹋了！只剩下一个躯壳，这辈子完了！（自己喝酒。杰米在下面蠢动起来，似乎觉得他父亲站在面前，酒醉糊涂地挣扎着起来。现在，总算眼睛睁开了，向蒂龙眨眨眼。他父亲不期然地朝后退了一步作为戒备，脸上的肌肉僵硬。）

杰米　（忽然用手指着父亲戏剧性地朗诵起来。）

克莱伦斯已到此，罔上作乱的小人，

曾在图斯伯雷战场上背后暗算我者。

众鬼神，上前捉拿，拿出去千刀万剐。

（接着怨声地。）你在看什么倒霉东西？

（又讥诮地背诵罗塞蒂的诗句。）

认清楚我的脸。我名叫"恨不得"，

叫"奈何天""空悲叹""生离死别"。

蒂龙　你叫什么我很清楚，天晓得你这副尊容我不愿意看。

埃德蒙　爸爸，别再说了！

杰米　（冷嘲热讽地。）爸爸，我有个好主意。本季可以重新排演《钟声》

那出戏。里面一个大好的角色你不用化妆就可以演的, 吝啬鬼老瘪蛋盖世伯!

(蒂龙掉转身去, 忍着不发火。)

埃德蒙 杰米, 你住嘴!

原作赏析

尤金·奥尼尔 (Eugene O'Neill) 于 1888 年 10 月 16 日出生于美国纽约百老汇的一家旅馆, 其父亲詹姆斯·奥尼尔是当时的一位著名演员兼剧院经理。奥尼尔 9 岁时, 入一家天主教寄宿学校就读, 5 年后转入曼哈顿的一所学校, 2 年后又转入康涅狄格州贝茨学校。18 岁时, 奥尼尔考入普林斯顿大学, 但次年 6 月即辍学。随后的几年中, 奥尼尔当过商行志愿者, 还一度到洪都拉斯淘过金。1910 年, 奥尼尔回到纽约, 在父亲的剧院当助理, 但不久又在外漂泊, 直至 2 年后又回到父亲的剧院当临时演员。1912—1913 年间, 奥尼尔因患轻度肺结核开始在疗养院休养, 并开始从事戏剧创作。1914 年, 在父亲的资助下奥尼尔出版了自己的第一部戏剧集《〈渴〉及其他独幕剧》。同年 9 月, 奥尼尔进入赫赫有名的哈佛大学贝克教授主持的戏剧习作班, 写出《东航卡迪夫》等剧本。自此之后, 奥尼尔的剧本逐渐为人所知, 并在普洛文斯顿 "码头剧场" 等剧院上演。19 世纪初, 奥尼尔相继创作出《天边外》《琼斯皇》《毛猿》《安娜·克里斯蒂》《榆树下的欲望》《大神布朗》《拉撒路笑了》《奇异的插曲》等多部戏剧。奥尼尔的戏剧日益受到欢迎, 他本人也分别于 1920、1922、1928 年三次获得普利策奖。1936 年 11 月, 奥尼尔获得诺贝尔文学奖, 瑞典科学院的颁奖词说奥尼尔的戏剧含有真诚且深刻的感情, 并展现出一种独特的现实观念。这一时期的奥尼尔还对东方文化感兴趣, 曾经给自己的住宅起名为 "大道别墅" (Tao House)。1940—1941 年, 奥尼尔完成巨著《长夜漫漫路迢迢》, 这是他晚期作品的代表之作。该剧在 1956 年上演, 并获得当年的普利策奖。此外, 他还创作有《诗人的气质》《月照不幸人》

《送冰的人来了》等戏剧。1953年，奥尼尔逝世于波士顿的一家旅馆。

《长夜漫漫路迢迢》(*Long Day's Journey into Night*) 是奥尼尔在1940年9月"脱稿"而成的一部带自传性质的四幕剧。戏剧背景被设置在1912年，女主人公玛丽刚刚从戒毒所出来，带着自己已经被治愈的感觉和丈夫、两个儿子来到乡间别墅度夏。丈夫詹姆斯·蒂龙曾经是位剧院午后场明星，后来成为生财有道的房地产经纪商。大儿子杰米30来岁，酗酒无度，愤世嫉俗，是百老汇演艺圈不知名的小演员。小儿子埃德蒙喜欢写作，但身体不好，时常生病。玛丽虽然声称自己已经痊愈，但从其穿着以及时常跑调的谈话来看，她根本就没有痊愈。而詹姆斯和儿子杰米饮酒无度，以此来逃避冷酷的现实。在前三幕的对话中，玛丽回忆起自己年轻时候的梦想是当修女或音乐会钢琴家，但生下埃德蒙之后，她生病了，而吝啬的丈夫给她请了一位庸医用吗啡给她治病。这一方面导致了她后来沉迷药物，另一方面也是埃德蒙身体一直有病的来源。埃德蒙后来意识到父亲终究会将自己送入一家廉价的公立疗养院，因为自己的身体一直好不了，在家里就只是消费者。爱恨交加的埃德蒙意识到这一点，玛丽也意识到自己对丈夫和这个家的矛盾态度。杰米趁着酒醉，控诉父亲的无情，给弟弟找了庸医导致其长期身患疾病。一方面杰米深爱自己的弟弟，另一方面杰米也嫉妒弟弟的写作才华，并一直认为是弟弟的出生导致了母亲沉迷药物，并进一步导致家庭的危机。在戏剧最后，玛丽身穿婚纱出现在客厅，表现出对过往生活的无限怀旧，但也同时明显地表达出自己已经失去了这个家庭，家庭的每个人都必须面对这漫漫长夜，也寓意着必将走入毁灭。《长夜漫漫路迢迢》是奥尼尔的半自传性戏剧，其主要角色原型就来自于奥尼尔本人的家庭，甚至除了将自己的名字改为"埃德蒙"之外，其余角色的名字就是奥尼尔父亲、母亲和哥哥的名字。戏剧中的"埃德蒙"即将被送入疗养院，并可能在那儿病死，现实中的奥尼尔也因肺病在疗养院住了近半年，不过奥尼尔的病确是治好了。奥尼尔一生中只写过一部喜剧，其余皆是悲剧，这与其早年家庭生活的不幸紧密相关，从某种角度而言，其大部分剧作都是其复杂家庭生活的"再现"，只不过角度和主题各异、手法和叙事各异罢了。奥尼尔的戏剧不以展现激烈的剧情冲突见长，而是以富于生气的对话和展现人物的复杂心理出名。《长夜漫漫路迢迢》即是如此，并以突出的人物形象展现了人物背后的历史和文化，例如玛丽家庭的家庭观念和宗教束缚，爱尔兰人的幽默和喜欢喝酒，复杂的家庭矛盾等。

译文赏析

乔志高，原名高克毅，"乔志高"来自其英文名字 George Kao。乔志高祖籍江苏江宁，因其父高仑谨 1909 年时于密歇根大学学习铁路管理，1912 年 5 月 29 日乔志高出生于美国密歇根州安娜堡市。3 岁时，其父完成学业，乔志高也随家回国。6 岁时，乔志高全家定居上海，乔志高在家说国语和南京话。在小学和中学阶段，乔志高阅读了大量的中国古典小说和翻译的西方小说，并且能够阅读美国流行文学作品的原文。在国立暨南大学中学部，乔志高得遇名师梁遇春、顾仲彝、叶公超等，英语进步迅速。在深造英语的同时，乔志高不忘对汉语的修习，并开始尝试写作。1929 年，乔志高考入沪江大学，以英美文学为专业，两年后转入燕京大学，1933 年毕业，取得新闻学学位。同年乔志高赴美留学，相继于密苏里大学取得新闻学硕士学位、哥伦比亚大学取得国际关系硕士学位。抗日战争期间，乔志高任职于纽约中华新闻社，经常发表从中国角度出发的观点文章。后来乔志高历任《旧金山华美周报》主笔、"美国之音"编辑和香港中文大学翻译中心客座高级研究员。1973 年，乔志高与宋淇一起创办翻译期刊《译丛》（*Renditions*），以英文译文的形式向世界介绍中国文学。2008 年，乔志高逝世于美国佛罗里达。

乔志高一生著译颇丰。1971 年，乔志高翻译的菲茨杰拉德小说《大亨小传》（*The Great Gatsby*, 即《了不起的盖茨比》）由今日世界出版社出版，2013 年由上海三联书店再版。乔志高翻译的美国小说家沃尔夫作品

《天使，望故乡》（*Look Homeward, Angel*），在国内出版后引起较大的轰动，相继有三联书店（1987）和新星出版（2013）的权威版本。戏剧方面，1973 年乔志高翻译的奥尼尔戏剧《长夜漫漫路迢迢》同样由今日世界出版社出版，2017 年由四川文艺出版社再版。除了英汉翻译之外，乔志高还有不少汉英翻译、校对的作品，其中最有名的莫过于胡适的《四十自述》，该书的最新汉英对照版是 2016 年外语教学与研究出版社的版本。1982 年，乔志高编辑校对白先勇著、白先勇和叶佩霞英译的《台北人》（*Taipei People*），该书的最新汉英对照双语版于 2013 年由广西师范大学出版社出版。乔志高自 20 世纪 70 年代开始便对流行美语颇感兴趣，广泛搜集流行的新词进行介绍和研究，并开始"用中文来诠释'美语'"，结集为三卷著作《言犹在耳》《听其言也》和《总而言之》。此外，还著有《美语新诠》两部（《海外喷饭录》《谋杀英文》，其最近版也是 2013 年由广西师范大学出版社出版）。乔志高还和自己的胞弟高克永一起编纂通俗美语词典，最近的一版是由 2006 年北京大学出版的《最新通俗美语词典（增订版）：英汉详解》。

　　1973 年 5 月下旬，在翻译《长夜漫漫路迢迢》完成之际，乔志高写出一篇长序，题为《奥尼尔的自传戏》。其中主体内容是介绍奥尼尔该剧的内容、创作背景和风格，在序言的最后，乔志高也谈到了自己翻译该剧时的一些感想。乔志高认为，因为戏剧主要由对话或对白构成，普通的简单对白尚好处理，但是有些时候会有一些"极其冗长而又时时重复的语句"，是比较麻烦的。乔志高说自己的做法是"逐字逐句地翻出来"，同时要使译文"像中国话、像口语"，而不是仅仅把字面意思翻译出来①。乔志高认同著名汉学家阿瑟·韦利（Arthur Waley）的观点，即在翻译时应当使译文中"人物说的话"，与源语"本国人可能说的话一样"。这在某种程度上接近于奈达所提出的"功能对等"的概念。乔志高在翻译《长夜

———————

① 尤金·奥尼尔著，乔志高译：《长夜漫漫路迢迢》，成都：四川文艺出版社，2017 年，第 22 页。

漫漫路迢迢》时也确实是这么做的。例如在戏剧开头的场景介绍部分，有
这么两句：

> In the left wall, a similar series of windows looks out on the
> grounds in back of the house. Beneath them is a wicker couch with
> cushions, its head toward rear.[①]

乔志高译文：

> 左边墙上也同样地有几扇窗户，窗外可以看见房子的后院。
> 窗前，头冲着后台，放着一张藤榻，上面有椅垫。[②]

从意义的传递来看，译文全部传达了原文的意义，没有增添内容，也
没有减少内容。但同时，译者没有死译或硬译，即译文在语言顺序上没有
全部照搬原文，而是有所调整，使其读起来"像中国话"。最明显的一处
是原文中 its head toward rear 是在第二句话的最后，但在译文中被提前了，
这样译文的意义逻辑顺序就更加明了和清晰。此外，原文中 beneath them
按照字面意思是"在它们下面（指在左边墙上的窗户下面）"，译文按照
汉语的逻辑表述为"（在）窗前"，也是比较恰当的处理。

总体来看，奥尼尔在《长夜漫漫路迢迢》这部戏剧中使用的是较为
规范的日常用语，没有使用过多的口语俚语或地方语言，因此如果只就意
义的传递而言，是并不困难的。但如何将美国东北部康涅狄格州地方的英
语，转换成中国的口语和对白，也是一种挑战。乔志高认为，既然戏剧主

---

① Eugene O'Neill, Long Day's Journey into Night: Critical Edition. New Haven: Yale University
Press. 2014. 本章英文原文均出自此版本。

② 尤金·奥尼尔著，乔志高译：《长夜漫漫路迢迢》，成都：四川文艺出版社，2017 年。本章
中文引文均出自此版本。

要由口语对白组成，那么用哪一种地方语言来翻译，确实是一个问题。他说自己在翻译《大亨小传》时，曾尝试把小说中一两个配角的话用上海话（乔志高称之为"上海人的'声口'"）翻译，以求得"文学手法中所谓'逼真'（versimilitude）的效果"[①]。虽然当时的编辑并不认可这一作法，但乔志高还是认为自己在《大亨小传》中呈现出来一些带有"吴语"或"上海话"的字词和句子，这是因为他认为：首先，小说中的一些时代描写颇像某一时期的上海；其次，小说中的某些语句用"吴语"来表达更为贴切。在翻译《长夜漫漫路迢迢》时，乔志高没有故意将"吴语"放入译文中，但他也同时认为该戏剧的对白也不应该完全像"一口'京片子'"。因此，他的做法是使用一种一般汉语读者都能懂的"普通话，以普通话为主，但杂七杂八、兼收并蓄"[②]。例如在戏剧开头部分蒂龙说自己的两个还没有从餐厅过来的孩子：

It's a secret confab they don't want me to hear, I suppose. I'll bet they're cooking up some new scheme to touch the Old Man.

乔志高译文：

两人又在捣什么鬼不愿意我听见。我敢打赌他们又在想什么新主意来敲老爹的竹杠了。

原文中的 confab 是 confabulate 一词的缩写，一般指口语闲谈，以"捣什么鬼"来翻译 secret confab（字面意思为"秘密闲谈"），是相当好

---

① 尤金·奥尼尔著，乔志高译：《长夜漫漫路迢迢》，成都：四川文艺出版社，2017年，第23页。

② 尤金·奥尼尔著，乔志高译：《长夜漫漫路迢迢》，成都：四川文艺出版社，2017年，第23页。

的处理，不仅传达了字面意义，还符合汉语口语的特点。用"敲老爹的竹杠"来翻译 touch the Old Man，也是非常巧妙的处理，也有一定的"吴语"特色。上述的翻译完全符合乔志高自己所说的"以普通话为主"，但"兼收并蓄"的观点。

虽然上文中说到奥尼尔的《长夜漫漫路迢迢》基本以较为规范的英语口语为主，但不少地方也有俗语、俚语等。例如杰米埋怨父亲找的哈代医生是庸医，有这么一段：

> Everything's the matter with him! Even in this hick burg he's rated third class! He's a cheap old quack!

乔志高译文：

> 他什么都不对！就连在这个倒霉的乡下地方，他也只能算作三流的医生！他是一个招摇撞骗的蹩脚郎中！

原文中的 hick，是美国英语中非常口语化的表达，原为 Richard 一词的昵称（Hick），后来则意为"乡下佬"。burg 也是美国英语中的俚语，即市、镇的意思。用"倒霉的乡下地方"来翻译 hick burg，不仅意义传达准确，风格的传递也入木三分。以"三流的"来译 third class，可谓实现形式和功能上的对等。原文中的 quack 即指"庸医"，用"郎中"这一极富汉语文化色彩的词语来翻译，是一种妙译。值得指出的是，随着时代的发展，"郎中"这种极富中国文化内涵的词语，如今还有多少年轻人知其含义，在未来不知是否会被"医生"这一词汇所取代。无论如何，这些极富文化内涵的词汇应当保留，而且也能从一个侧面检验出译者词汇的丰富性。

在《长夜漫漫路迢迢》的最后一幕，奥尼尔引用了不少经典戏剧或诗作中的句子，或许是作者为了向自己敬仰的戏剧先辈致敬，也或许是为了突出戏剧主人公蒂龙曾经的戏子身份。例如酒醉的杰米用手指着父亲朗诵起莎士比亚《理查三世》第一幕第四场中的一段台词：

Clarence is come, false, fleeting, perjured Clarence,

That stabbed me in the field by Tewksbury.

Seize on him, Furies, take him into torment.

乔志高译文：

克莱伦斯已到此，罔上作乱的小人，

曾在图斯伯雷战场上背后暗算我者。

众鬼神，上前捉拿，拿出去千刀万剐。

原文中形容克莱伦斯的有三个词 false, fleeting, perjured，意思分别是"假心假意的""短命的""发假誓的"，译者将其译为"罔上作乱的"，这显然是一种意译了。上述一段中，译得最出彩的莫过于第三行。原文中的 Furies 其第一个字母大写，指的是古希腊神话中的复仇女神，但在中国文化中没有对应的概念，因此译为"众鬼神"。希腊神话中的复仇女神在复仇时所做的行为，一般是"折磨施害者"（torment criminals），因此译者将原文中的 take him into torment（字面意思是"将他带下去折磨一番"）译为"拿出去千刀万剐"，是非常巧妙的处理。这一处理不仅传达了原文意义，还让读者想起中国古典小说例如《三国演义》或者戏曲中类似的场景，引起文化上的共鸣，是成功的动态对等翻译。

杰米在朗诵了莎士比亚戏剧的一段台词之后，还背诵了英国拉斐尔前派诗人但丁·罗塞蒂的两句诗：

Look in my face. My name is Might-Have-Been;

I am also called No More, Too Late, Farewell.

乔志高译文：

认清楚我的脸。我名叫"恨不得"，

叫"奈何天""空悲叹""生离死别"。

原文中将一些普通词的首字母大写，而形成一种拟人的写法，might-have-been，no more, too late, farewell 的字面意思分别是"可能是""不再""太迟"与"再见"。译者充分理会原文的含义和拟人用法，将其翻译为汉语古典戏剧常见的词语"恨不得""奈何天""空悲叹"和"生离死别"①。这样的处理体现出译者深湛的汉语功底，从翻译的效果来看，庶几接近"归化"译法。

思考与阅读

（1）中文不好、译文不佳

乔志高的好友宋淇在《大亨小传》一书的序言中曾盛赞该译文的"妥帖"，译文的"文理通顺"，体现出译者翻译时"推敲的苦心"。宋淇在读《大亨小传》译文时的感受是，将译文和原作一核对，"就会发现原文中每一个字都没有漏掉，真可以说是句对句、字对字，一字不讹"②。宋淇的这一感受，与乔志高自己的说法"逐字逐句地翻出来，但同时要像中国话"相符合。乔志高的译文体现出译者对中英两种文字臻于炉火纯青的把握，

① 宋代词人史达祖有《惜黄花》一阕词，其中有句"恨不得御风归去"。汤显祖名剧《牡丹亭》之《游园惊梦》一折有名句：原来姹紫嫣红开遍，似这般都付与断井颓垣，良辰美景奈何天，赏心乐事谁家院。

② 菲茨杰拉德著，乔志高译：《大亨小传》，上海：上海三联书店，2013 年，第 29 页。宋淇的这篇序署了自己的笔名"林以亮"（宋淇，原名宋奇，又名宋悌芬，笔名"林以亮"）。

这与译者丰富的经历息息相关。乔志高青少年时期不仅长期修习英文，而且从未间断过中国古典语言与文化的教育。赴美留学之后，他长年在报社、电台任职，对美国英语不仅兴趣浓厚，还刻苦钻研其意义与用法。因此，他对中英两种文字的把握可以做到自如地驾驭。从上述《长夜漫漫路迢迢》的译文分析来看，乔志高能够较好地融合地方语言进入一种大多数汉语能够读懂的"普通话"。这一点对于普通译者而言，多勤奋用功或许能做到。但是这"普通话"中又能见出中国语言和文化特色，尤其是一些传统戏曲词汇的运用，却并非一朝一夕可以蹴就。那么我们该如何努力让自己的能力和水平接近如乔志高这般高明的译者呢？

宋淇在为乔志高的散文集《鼠咀集》一书作序曾说，乔志高的英文"达到精醇的境界其实是苦心经营的成果"。这一观点也可以完全用之于对其译文的分析。"苦心经营""字字历练"，这是历来优秀创作和翻译的不二法门。唐代诗人贾岛为诗句中到底该用"推"字还是"敲"字而苦苦吟哦（"僧敲月下门"）。宋代诗人王安石在写作《泊船瓜洲》时，曾修改其中一句的一个字至十余次之多，最后才定为"春风又绿江南岸"。清代小说家曹雪芹写作《红楼梦》时，"披阅十载，增删五次"，可见用功之勤。近代大译家严复在翻译《天演论》时，曾为了一些名词的翻译，而发出"一名之立，旬月踟蹰，我罪我知，是存明哲"的感慨。乔志高的译文是"苦心经营"的结果，是字字推敲的扎实功底。乔志高不仅翻译时字字推敲，用中英文写作也是字斟句酌，若仔细阅读其中英文作品，必能体会和思考其与翻译的相同和不同。

当代著名散文作家董桥曾如此评价乔志高的译文：英文的神采精髓都融入中文的冰肌玉肤，真是一袭考究的天衣①。同样道出了乔志高中英文俱佳的事实。现代文学研究大家陈子善也抱持同样的观点：只有像高先生这样中英文俱佳，他的翻译才有可能臻于完美。董桥自幼接受古典诗词

---

① 董桥：《青玉案》，桂林：广西师范大学出版社，2011年，第25页。

教育和英语教育，其中英文水平亦不遑多让，尤其是其上世纪 80 年代以来的散文写作，堪称融汇明清小品与英语传统散文的精品。而陈子善先生在做出上述评论之前，有一句前言"译者如果中文不好，他的翻译一定不会好"①，同样道出了在中外翻译中中文的重要。而在迅速发展的今天，我们该如何提升自己的中文修养，而不是在译文中一味呈现出简单的口语化表达呢？借用上文中的分析，或许我们可以这样问自己，在翻译 doctor 一词时，我们是否可以不要言必称"医生"，而是使用像"郎中"一类的中文呢？

（2）中文的弹性

本章所讨论者，乃乔志高的戏剧译文，如上所言，乔志高还翻译过小说名著《大亨小传》。笔者曾就《大亨小传》的译文，以非正式的方式请教过书评家、钱锺书研究者"乔纳森"。"乔纳森"认为，该译文固然有其长处，但读起来"太顺口"，太像汉语创作。该观点可以与前文中所论高峰枫先生关于译经当"陌生化"的看法比并齐观，从某种角度看涉及中文或汉语的发展问题。中文的弹性有多大？什么样的现代汉语才是标准或者准确的现代汉语？中文在当今世界文化交流日趋频繁的今天该如何发展？翻译可能是实验中文弹性的一个重要维度。余光中的做法是将原文意思厘清，然后出之以恰当的译文，即"译意而非译文"。因此，他和乔志高的译文读起来确实会给人一种不像译文或"太顺口"的感觉。那么，如果在厘清原文意思的基础上，也遵循原文的结构，这样出来的汉语译文会不会是一种新的表达呢？人们常说，中文凝练，以传意而非多文取胜，那么在面对复杂如逻辑学推理的境况下，中文是否可以装下那些复杂而困难的内容呢？当然，纯粹的中文写作也是一种实验中文弹性的方式，这期间的突破需要更大的魄力、更多的思考与更多的实践，因为纯粹的中文写作是中文自己与自己较劲，没有参照物。但是在翻译过程中，是有原文作为参照的，因此从某个角度来看，它是比写作更为有效地实验中文弹性的一种方

①　陈子善：《双语并用，妙不可言——回忆乔志高先生》，《南方人物周刊》，2008 年第 12 期。

式。但是，反过来说，一旦有参照物，或多或少会受其影响，就有了先入为主的认知，也就会形成一定程度的思维限制，那么如此而来的中文译文，其"弹性"是否不如自由创作而来的"弹性"呢？

以严复的话来说，真是"一名之立，句月踟蹰"！

以下是我们推荐的一些基础读物。

（1）Eugene O'Neill, *Long Day's Journey into Night: Critical Edition.* New Haven: Yale University Press, 2014.

（2）尤金•奥尼尔：《长夜漫漫路迢迢》，乔志高译，成都：四川文艺出版社，2017年。

（3）汪义群：《奥尼尔研究》，上海：上海外语教育出版社，2006年。

（4）菲茨杰拉德：《大亨小传》，乔志高译，上海：上海三联书店，2013年。

（5）胡适：《四十自述：汉英对照》，乔志高译，北京：外语教学与研究出版社，2016年。

（6）乔志高：《恍如昨日》，北京：龙门书局，2012年。

（7）乔志高：《一言难尽：我的双语生涯》，台北：联合文学出版社有限公司，2000年。

第九章　威廉斯《欲望号街车》
（冯涛译）

Whoever you are — I have always depended on the kindness of strangers.

—— *A Streetcar Named Desire*

不管你是谁——我总是指望陌生人的慈悲

——《欲望号街车》

A Streetcar Named Desire
—— Tennessee Williams

PERSONS

Negro Woman:

> *Eunice Hubbell*

> *Stanley Kowalski*

> *Stella Kowalski*

> *Steve Hubbell*

> *Harold Mitchell (Mitch)*

Mexican Woman:

> *Blanche DuBois*

SCENE ONE

The exterior of a two-story corner building on a street in New Orleans which is named Elysian Fields and runs between the L&N tracks and the river. The section is poor but, unlike corresponding sections in other American cities, it has a raffish charm. The houses are mostly white frame, weathered grey, with rickety outside stairs and galleries and quaintly ornamented gables. This building contains two flats, upstairs and down. Faded white stairs ascend to the entrances of both.

It is first dark of an evening early in May. The sky that shows around the dim white building is a peculiarly tender blue, almost a turquoise, which invests the scene with a kind of lyricism and gracefully attenuates the atmosphere of decay. You can almost feel the warm breath of the brown river beyond the river warehouses with their faint redolences of bananas and coffee. A corresponding air is evoked by the music of Negro entertainers at a barroom around the corner. In this part of New Orleans, you are practically always just around the corner, or a few doors down the street, from a tinny piano being played with the infatuated fluency of brown fingers.

This "Blue Piano" expresses the spirit of the life which goes on here.

Two women, one white and one colored, are taking the air on the steps of the building. The white woman is Eunice, who occupies the upstairs flat; the colored woman a neighbor, for New Orleans is a cosmopolitan city where there is a relatively warm and easy intermingling of races in the old part of town.

Above the music of the "Blue Piano" the voices of people on the street can be heard overlapping.

[*Two men come around the corner, Stanley Kowalski and Mitch. They are about twenty-eight or thirty years old, roughly dressed in blue denim work clothes. Stanley carries his bowling jacket and a red-stained package from a butcher's. They stop at the foot of the steps.*]

STANLEY [*Bellowing.*] Hey, there! Stella, Baby!

[*Stella comes out on the first floor landing, a gentle young woman, about twenty-five, and of a background obviously quite different from her husband's.*]

STELLA [*Mildly.*] Don't holler at me like that. Hi, Mitch.

STANLEY Catch!

STELLA What?

STANLEY Meat!

……

STELLA [*Calling after him.*] Stanley! Where are you going?

STANLEY Bowling!

STELLA Can I come watch?

STANLEY Come on. [*He goes out.*]

STELLA Be over soon. [*To the white woman.*] Hello, Eunice. How are you?

EUNICE I'm all right. Tell Steve to get him a poor boy's sandwich 'cause nothing's left here.

[*They all laugh; the colored woman does not stop. Stella goes out.*]

COLORED WOMAN What was that package he th'ew at 'er? [*She rises from steps, laughing louder.*]

EUNICE You hush, now!

NEGRO WOMAN Catch *what!*

[*She continues to laugh. Blanche comes around the corner, carrying a valise. She looks at a slip of paper, then at the building, then again at the slip and again at the building. Her expression is one of shocked disbelief. Her appearance is incongruous to this setting. She is daintily dressed in a white suit with a fluffy bodice, necklace and earrings of pearl, white gloves and hat, looking as if she were arriving at a summer tea or cocktail party in the garden district. She is about five years older than Stella. Her delicate beauty must avoid a strong light. There is something about her uncertain manner, as well as her white clothes, that suggests a moth.*]

EUNICE [*Finally.*] What's the matter, honey? Are you lost?

BLANCHE [*With faintly hysterical humor.*] They told me to take a streetcar named Desire, and then transfer to one called Cemeteries and ride six blocks and get off at—Elysian Fields!

SCENE EIGHT

......

BLANCHE [*Quickly.*] What is it? Is it for me?

[*He is holding a little envelope toward her.*]

STANLEY Yes, I hope you like it!

BLANCHE Why, why—why, it's a—

STANLEY Ticket! Back to Laurel! On the Greyhound! Tuesday!

[*The Varsouviana music steals in softly and continues playing. Stella rises abruptly and turns her back. Blanches tries to smile. Then she tries to laugh. Then she gives both up and springs from the table and runs into the next room. She clutches her throat and then runs into the bathroom. Coughing, gagging sounds are heard.*]

Well!

STELLA You didn't need to do that.

STANLEY Don't forget all that I took off her.

STELLA You needn't have been so cruel to someone alone as she is.

STANLEY Delicate piece she is.

STELLA She is. She was. You didn't know Blanche as a girl. Nobody, nobody, was tender and trusting as she was. But people like you abused her, and forced her to change.

[*He crosses into the bedroom, ripping off his shirt, and changes into a brilliant silk bowling shirt. She follows him.*]

Do you think you're going bowling now?

STANLEY Sure.

STELLA You're not going bowling. [*She catches hold of his shirt.*] Why did you do this to her?

STANLEY I done nothing to no one. Let go of my shirt. You've torn it.

STELLA I want to know why. Tell me why.

《欲望号街车》

冯涛　译

剧中人

黑种女人：

　　尤妮斯·哈贝尔

　　斯坦利·科瓦尔斯基

　　斯黛拉·科瓦尔斯基

　　斯蒂夫·哈贝尔

　　哈罗德·米切尔（米奇）

墨西哥女人：

　　布兰琪·杜布瓦

第一场

　　新奥尔良一幢两层街角楼房的外景，街名埃里西安地段，位于 L 和 N 两条铁路与河流之间。这部分虽属穷人区，却不像美国其他城市的穷人区那么惨淡，自有一种俗艳魅力。房屋的构架大都是白色，日晒雨淋成了一色的灰，大都带有摇摇晃晃的外部楼梯、走廊和装饰古雅的山墙。这幢街角楼房分成上下两套房间，有道褪色的白漆楼梯通两户人家的门口。

　　五月初一个刚要傍黑的傍晚。衬在暗白色楼房背后的天空呈现出一种格外温柔的嫩蓝，简直就像是一块绿松石，这给周围的景色注入了一抹抒情的优雅意味，冲淡了那一派破败感。你几乎能感觉到河边仓库后面褐色的河流那温暖的呼吸，仓库则散发出淡淡的香蕉和咖啡香。街角酒吧里黑人乐队奏出的音乐也唤起类似的况味。在新奥尔良的这个部分，你总能听到街角或是几道门之外的哪个房间里传出声音尖细的钢琴声，由熟极而流的棕色手指如醉如痴地弹奏出来。这种"布鲁斯钢琴曲"传达出来的正是此时此地的生活精髓。

两个女人，一个白人一个黑人，正在楼梯上乘凉。白种女人是尤妮斯，住楼上的单元；黑种女人是个邻居，新奥尔良因为是个五方杂处的城市，旧城区里混居的各人种之间相处得还算融洽。

"布鲁斯钢琴曲"以外，可以听到街上传来的混杂的人声。

（两个男人转过街角，是斯坦利·科瓦尔斯基和米奇。两人约二十八或三十岁的样子，大大咧咧地穿着一身蓝色工作服。斯坦利拿着他的保龄球外套和肉铺里买来的沾着血的一包肉。两人在楼梯口停步。）

斯坦利 （大声吼道。）嘿，喂！斯黛拉，宝贝儿！

（斯黛拉从一楼平台上出来，一个温柔的年轻女人，约二十五的样子，出身背景显然跟她丈夫大不相同。）

斯黛拉 （柔声道。）别冲我哇啦哇啦这么大叫。嗨，米奇。

斯坦利 接着！

斯黛拉 什么呀？

斯坦利 肉呗！

……

斯黛拉 （从后面叫他。）斯坦利！你要干吗去？

斯坦利 打保龄球去！

斯黛拉 我能过去看看吗？

斯坦利 来吧。（他下场。）

斯黛拉 马上就好。（对那个白种女人。）哈罗，尤妮斯。你好吗？

尤妮斯 还行。告诉斯蒂夫给他自己买个穷小子的三明治吧，因为家里啥都不剩了。

（三个女人都哈哈大笑，那黑种女人尤其笑个没完。斯黛拉下场。）

黑种女人 他朝她扔过去的是包什么东西啊？（她从台阶上站起来，笑得更响了。）

尤妮斯 别这么大呼小叫的！

黑种女人 接住什么玩意儿！

　　（她仍旧笑个不停。布兰琪转过街角，拎着个手提箱。她看看手里的纸条，然后看看这幢楼房，再看看纸条，再看看楼房。一脸难以置信的震惊。她的外表跟这里的场景格格不入。她穿一身讲究的白色裙装，外罩一件轻软的紧身马甲，戴着珍珠项链和耳环，还有白色手套和帽子，看起来像是到新奥尔良的花园区来参加一次夏日茶会或是鸡尾酒会。她比斯黛拉大五岁左右。她这种纤弱的美一定得避开强光照射。她那种迟疑的举止，还有她那一身白色衣裙，多少让人觉得像是只飞蛾。）

尤妮斯（忍不住道。）出什么事了，亲爱的？你迷路了？

布兰琪（略带点歇斯底里的幽默。）他们跟我说先乘欲望号街车，然后换乘公墓号，过六个街区以后下车，就是埃里西安地段！

第八场

……

布兰琪　（飞快地。）这是什么？是给我的？

（他把一个小信封递给她。）

斯坦利　是的，希望你能喜欢！

布兰琪　哎，哎——啊？这是——

斯坦利　一张车票！回劳雷尔的车票！"灰狗"长途汽车票！星期二！

（瓦瑟维扬纳舞曲音乐轻柔地摸进，继续演奏下去。斯黛拉猛地起身，背过脸去。布兰琪努力想微笑，进而又想大笑，可终究放弃了伪装，从桌旁一跃而起，跑进了里间。她紧紧捏住咽喉又跑进了浴室。传来咳嗽和呕吐的声音。）

哎哟！

斯黛拉　你没必要干得这么绝。

斯坦利　别忘了我把她赶走都是为了什么。

斯黛拉　你也没必要对她这么个孤苦伶仃的人这么残忍吧

斯坦利　她太娇弱了。

斯黛拉　她现在、过去都很娇弱。你不知道布兰琪小姑娘时候的样子。天底下没有任何人，没有任何人比她更加温柔，更加轻信人的了。可是就是你这样的人伤害了她、侮辱了她，逼得她不得不变了。

（他走进卧室，脱下衬衣，换上颜色鲜艳的丝质保龄球衫。她跟在他后头。）

你现在就要去打保龄球？

斯坦利　当然了。

斯黛拉　你不能去打保龄球。（她拽住他的球衫。）你为什么要这么对待她？

斯坦利　我没对任何人做任何事。放开我的球衫。你都把它给扯破了。

斯黛拉　我想知道为什么。告诉我到底为什么。

原作赏析

　　田纳西·威廉斯（Tennessee Williams，1911—1983）本名是托马斯·拉尼尔·威廉斯三世（Thomas Lanier Williams III）与尤金·奥尼尔、阿瑟·米勒并称为美国20世纪三大戏剧家。其在1911年3月26日生于美国南方密西西比州哥伦布市，母亲出身于圣公会牧师家庭，父亲是一位推销员，整日在外奔波忙碌。威廉斯从小体质虚弱，腼腆内向，常常受到小伙伴们的戏弄，因此养成孤僻内向和多愁善感的性格。为躲避令他反感的现实世界，少年威廉斯开始大量阅读文学书籍，并尝试进入创作。1929年，威廉斯进入密苏里大学，在大学期间，他获得过数次诗歌和散文奖，但他的南方口音仍是同学们逗乐的对象，大家用"田纳西"州作他的绰号，威廉斯接受了它，并在后来的写作生涯中，用它作笔名，以表达自己出身南方、热爱南方、描绘南方的情怀。大学三年级时，父亲不满其把精力放到无用的社交和文学中，令其退学，到鞋业的仓库工作，三年沉闷而无聊的仓库工作使他感到十分压抑导致精神衰竭，被送去孟菲斯祖父母家养病，在这期间威廉斯为社区剧团写了一部名叫《开罗！上海！孟买》(*Cairo, Shanghai, Bombay*) 的戏，演出获得成功，自此开始对戏剧产生兴趣。不久，其进入华盛顿大学改修戏剧，积极参加校园演剧活动和校外剧社。1937 年，他转到衣阿华大学，学习一年后，于 1938 年获得学士学位。1939 年，威廉斯的一组短剧《美国布鲁斯舞曲》(*American Blues*) 获得纽约团体剧院的特别奖，并认识了后来与威廉斯合作了 20 余年的经纪人奥德丽·伍德（Audrey Wood），她不但替威廉斯向剧院推荐作品，而且为他多次争取到洛克菲勒等基金会的资助，使威廉斯能安心从事剧本的创作。在这之后，威廉斯创作了几部剧作都不很成功，直到 1944 年《玻璃动物园》(*The Glass Menagerie*) 的一鸣惊人。此后威廉斯源源陆续地写出了《欲望号街车》(*A Street car Named Desire*，1947）、《夏天与烟雾》(*Summer and Smoke*，1948）、《玫瑰纹身》(*The Rose Tattoo*，1951）、《热铁皮层顶上的猫》(*Cat on a Hot Tin Roof*，1955）、《琴仙下凡》(*Orpheus Descending*，1957）、《可爱的青春之鸟》(*Sweet Bird of Youth*，1959）、《调整时期》(*Period of Adjustment*，1960）、《鬣蜥之夜》(*The Night of the Iguana*，1961）和《牛奶车不在这儿停了》(*The Milk Train Doesn't Stop Here Anymore*，1963）等。

威廉斯是一位多产作家，也是一位多面手。他不仅写剧本，而且写诗歌、电影剧本和回忆录。他一共写了 24 部多幕剧和一些独幕剧，2 次获普利策戏剧奖，4 次获得纽约戏剧评论家协会奖，还曾获得肯尼迪艺术中心荣誉奖，并进了美国戏剧名人堂。1982 年，威廉斯获哈佛大学荣誉法律博士学位。

《欲望号街车》(*A Street car Named Desire*) 是威廉斯最享盛名的作品，也是 20 世纪美国戏剧史的佳作之一。1947 年 3 月首演于百老汇。全剧结束时，观众起立鼓掌欢呼达半个小时之久。该剧持续演出 855 场，创造了严肃剧演出场次的历史纪录，并囊括了普利策奖、唐纳德森奖、纽约剧评人奖等重要的戏剧奖。该剧从 1973 年到 2005 年，多次在百老汇复排。1951 年由伊利亚·卡赞导演的同名电影获得 4 项奥斯卡奖。《欲望号街车》的故事发生在二战后的美国新奥尔良贫民区，全剧共 11 场，讲述女主人公布兰琪家庭败落之后，不肯放弃旧日"南方淑女"的生活方式，逐渐堕落腐化，不得不投靠妹妹斯黛拉，但她取笑斯黛拉的贫民化生活态度，嘲讽妹夫斯坦利的野蛮和粗暴的生活方式，与他发生了尖锐的矛盾冲突，布兰琪与斯坦利的好朋友米奇互生情愫，但斯坦利将她过去的丑闻告诉了米奇，使她的希望破灭。在斯黛拉分娩的晚上，喝醉酒从医院回到家的斯坦利强奸了布兰琪，使得布兰琪的精神彻底崩溃，最终被送进疯人院的故事。

威廉斯在二战后将美国的戏剧引向一个新的高度，他认为深刻而感人的戏剧应当是诗意的和不排除表现主义、象征主义手法的戏剧。该剧的手法包括了诗意的几乎所有特征。作者将场景、对话、人物、音乐、灯光融为一体所挥发出的诗意，弥漫在作品的文字中，弥漫在剧场里。《欲望号街车》最初以电影剧本的形式被译介到中国。周传基首译的《欲望号街车》电影剧本发表在《译丛》1981 年第 1 期。随后还有一匡、仰初、孙白梅的电影剧本翻译，或缩写、节译，或全影片翻译。《欲望号街车》原剧文学剧本首译者为奇青，该译本被收入 1992 年《外国当代剧作选·3》中；其后有冯永红、张蕾、马爱农、张春柏、冯涛等人的译本，此章选择的是冯涛译本（2015 版）。

译文赏析

冯涛生于 20 世纪 70 年代，2001 年初入职上海译文出版社，现为上海译文出版社资深文学译者、编审、外国文学编辑室主任，外国文学资深出版人，石黑一雄作品总策划。借助所供职出版机构的优质英文文本资源，冯涛持续翻译了数量众多的一流现当代英语文学名著，译有 E. M. 福斯特、毛姆、海明威、契弗、石黑一雄等著名作家代表作品

20 余种，400 余万字。出版译著《青铜骑士》（2003）、《萨基短篇小说选》（2006）、《床上的爱丽丝》（2007）、《水泥花园》（2007）、《辛德勒的名单》（2009）、《小说面面观》（2009）、《搏击俱乐部》（2009）、《只爱陌生人》（2010）、《戏梦巴黎》（2010）（张荷瑶，2011）、《印度之行》（2016）、《长日将尽》（2018）、《耻》（2021）等。策划、编辑的主要作品有诗体《莎士比亚全集》《加缪全集》《毛姆文集》《苏珊·桑塔格全集》《布罗茨基文集》《麦克尤恩双语作品》《石黑一雄作品系列》等重要的名家名作，共计 400 余种。

　　作为文学编辑，冯涛认为文学翻译是出版工作之余怡情的好方式，能看到一部出版的完整作品，从中所获得的成就感远远高于别的翻译工种。他翻译外文作品有自己恪守的原则：不译畅销书，只对自己真正喜欢的作品动手。在冯涛看来，还原度是翻译的第一追求。他认为，每一个严肃的翻译家都是读者接近作者的一条通路，但没有哪一条路是完美的，重要的不是哪一版翻译更好，而是翻译家提供的视角，视角越多，则越接近原作的真实面容。冯涛翻译的《欲望号街车》在 2010 年和 2015 年的上海译文出版社策划的《译文戏剧馆》和《译文经典》系列中分别印行 10000 册和 5000 册，对积极推动和促进威廉斯戏剧在中国的广泛传播起到了巨大的影响作用。总体而言，冯涛翻译的《欲望号街车》主要采用直译的翻译策略，基本遵循了原剧诗意语言的特点。例如第一幕舞台说明中第二段对斯黛拉居住的街区的描述。

It is first dark of an evening early in May. The sky that shows around the dim white building is a peculiarly tender blue, almost a turquoise, which invests the scene with a kind of lyricism and gracefully attenuates the atmosphere of decay. You can almost feel the warm breath of the brown river beyond the river warehouses with their faint redolences of bananas and coffee. [1]

冯涛译文：

　　五月初一个刚要傍黑的傍晚。衬在暗白色楼房背后的天空呈现出一种格外温柔的嫩蓝，简直就像是一块绿松石，这给周围的景色注入了一抹抒情的优雅意味，冲淡了那一派破败感。你几乎能感觉到河边仓库后面褐色的河流那温暖的呼吸，仓库则散发出淡淡的香蕉和咖啡香。[2]

威廉斯在剧本的开场用了三个段落交代故事的背景：时间、地点和氛围，其中包括颜色、气味、声音和音乐等，奠定了全剧的基调。此处选取的第二段从视觉和味觉视角描写贫民窟，语言具有一定的诗意。对读原文和译文，可以看出，冯涛基本完整再现了原文诗意的语言和意象。在词汇的选择方面，原文中对天空与楼房的描述 "the sky that shows around the dim white building is a peculiarly tender blue, almost a turquoise," 冯涛译为 "格外温柔的嫩蓝" 并且用了现今比较常见的 "绿松石" 做比喻，简洁明了，便于读者理解。原文使用的三个动词 "show" "invest" "attenuates" 较为简单，冯涛结合上下文语境和原文的语体色彩，将其分别译为 "衬在" "注入" "冲淡"，给读者呈现出一幅诗情画意的景象；在修辞表达方面，首先冯涛遵照原文保留了首韵的修辞手法，如 "evening early in May" 译为 "傍黑的傍晚"；"attenuates the atmosphere of decay" 译为 "冲淡了那一派破败感"；"breath of the brown river" 译为 "褐色

---

　　① Tennessee Williams. *A Streetcar Named Desire.* New York: James Laughlin New York Office-333 Sixth Avenue, 1947, p.9. 本章所选田纳西•威廉斯《欲望号街车》原文均出自此书。

　　② 冯涛：《欲望号街车》，上海：上海译文出版社，2015 年，第 5 页。本章所选冯涛的《欲望号街车》译文均出自此书。

的河流那温暖的呼吸"，其次他运用了拟人的手法，将"You can almost feel the warm breath of the brown river … warehouses with their faint …"译为"你能感觉到……河流的呼吸，仓库散发出……香"，此时读者可以调动其视觉和嗅觉想象，有身临其境，置身于真实场景中的感觉；此外，冯涛也将原文中隐藏于字里行间的隐喻展现了出来，如"刚要傍黑的傍晚"预示着即将登场的布兰琪，她的到来为这破败的街区"注入了一抹抒情的优雅意味"，给读者留有充分的想象空间，能够自然地联想到布兰琪那抹纯洁、纤弱的身影，再现了原文中的意象。

我们来比较一下这一部分原文的其他译本。

奇青译文：

> 　　这是五月初傍晚天刚黑的时候。天空衬着朦朦胧胧的白楼房显得特别蔚蓝，使景色增添了幽雅的情趣，巧妙地冲淡了破落的气氛。你仿佛可以嗅到从那黄褐色的河面飘来的热气，河岸远处有一排排散发着香蕉和咖啡清香的仓库。[①]

孙白梅译文：

> 　　五月初的傍晚，天色刚昏暗下去。在白色房子模糊不清的轮廓周围，天空显出特别柔和的蓝色，几乎带点青绿色。这种色调使整个场景蒙上一层抒情色彩，并冲淡了衰败气氛，略增优雅之感。你简直可以感受到这条褐色河流的温暖气息和河边仓房里香蕉和咖啡的馥郁芬芳。[②]

　　[①]　田纳西·威廉斯著，奇青译：《欲望号街车》，《外国当代剧作选3》，北京：中国戏剧出版社，1992年，第102页。本章所选奇青《欲望号街车》译文均出自此书。

　　[②]　田纳西·威廉斯著，孙白梅译：《欲望号街车》，载《外国影剧选》，上海：上海译文出版社，1991年，第3页。本章所选孙白梅《欲望号街车》译文均出自此书。

上述两个译本中，奇译本省略了对 "almost a turquoise" 的翻译，而是将之与前一句合并，添加了形容词，译为"特别蔚蓝"，意思上没有改变。奇译将 "feel" 译为"嗅到"，给读者营造出形象生动的画面。孙译采用增译策略，将原文的主从句译为两个句子，增加了"色调"一词，以连接上下文，并在句末增加了"略增优雅之感"，这在原文中没有出现。在最后一句的处理上，孙译将其译为并列句，将"河流的温暖气息和香蕉和咖啡的馥郁芬芳"放在并列宾语的位置。冯译和奇译将其分成两个单句。在对头韵的翻译方面，只有孙译本中 "breath of the brown river" 保留了对头韵的翻译"褐色河流"。

再看看威廉斯对布兰琪初次登场的描述：

... Blanche comes around the corner, carrying a valise. She looks at a slip of paper, then at the building, then again at the slip and again at the building. Her expression is one of shocked disbelief. Her appearance is incongruous to this setting. She is daintily dressed in a white suit with a fluffy bodice, necklace and earring of pearl, white gloves and hat, looking as if she were arriving at a summer tea or cocktail party in the garden district. She is about five years older than Stella. Her delicate beauty must avoid a strong light. There is something about her uncertain manner, as well as her white clothes, that suggests a moth.

冯涛译文：

（她仍旧笑个不停。布兰琪转过街角，拎着个手提箱。她看看手里的纸条，然后看看这幢楼房，再看看纸条、再看看楼房。一脸难以置信的震惊。她的外表跟这里的场景格格不入。她穿一

身讲究的白色裙装，外罩一件轻软的紧身马甲，戴着珍珠项链和
耳环，还有白色手套和帽子，看起来像是到新奥尔良的花园区来
参加一次夏日茶会或是鸡尾酒会。她比斯黛拉大五岁左右。她这
种纤弱的美一定得避开强光照射。她那种迟疑的举止，还有她那
一身白色衣裙，多少让人觉得像是只飞蛾。)

　　上述选取段落是对布兰琪装扮和外形的描述。威廉斯让布兰琪单独出
场，一方面是要突出布兰琪与这个环境格格不入的性格，另一方面预示着
她最终将被这个环境所抛弃的命运。对读原文和译文，冯译基本上以直译
为主。在语言顺序、词语选择和句式结构的表述上，冯译基本遵从原文语
序，没有加以增译、删减或替代、淡化。原文一处"look at"后接四个宾
语，冯译按照字面意思译为四个"看看"，"shock"译为"震惊"，符合
原文含义，布兰琪为想象中妹妹的处境精心打扮，像是去参加酒会，结果
看到的却是这样粗陋的地方，"震惊"准确地表现出布兰琪对妹妹生活环
境难以置信的程度，而且她那一身洁白的装束与这个环境毫不相称，这里
也暗示出布兰琪与这里的环境难以避免的冲突；"bodice, necklace and ear-
ring of pearl, white gloves and hat"分别译为"紧身马甲""珍珠项链和耳
环"和"白色手套和帽子"，没有添加修饰语，忠实于原文的意义，符合
戏剧语言简洁、明了的特点。

　　来看看其他两个译本。

奇青译文：

　　[她继续大笑。白兰琪提着一只旅行包从街角走出来。她看
看拿着的纸条，望望楼房，接着又看看纸条，再望望楼房。她露
出惊愕不相信的神情。她的衣着和这个环境很不协调。她穿着一
身讲究的白色衫裙，束着一条柔软的腰带，戴着项链、珍珠耳
环、白手套和帽子，看来就像是来花园区参加夏季茶会或鸡尾酒

会似的。她比斯蒂拉大五岁左右。她娇弱的美容必须避开强烈的光线。她那迟疑的举止和一身白色衫裙，多少使人联想起一只白飞蛾。

孙白梅译文：

[她还在笑着，布兰奇出现在街角处，提着一只旅游箱。她瞧瞧手中的纸条，看看房子，又瞧瞧纸条，再看看房子，脸上流露出惊奇和狐疑的表情。她的装束和这儿的情景毫不相称。她精心打扮，穿着配有绒毛背心的白色套装，戴着珍珠项链和珍珠耳环，手戴白手套，头戴白帽子，看上去好像是来参加花园区的夏日茶会或鸡尾酒会似的。她比史妲拉年长 5 岁左右。她那娇柔的美貌必须避开强烈的光线。她那一身白衣服和举棋不定的神态令人联想起飞蛾。]

上述两个译本也基本采用直译的策略，奇译本和孙译本中"look at"分别交替译为"看看""望望"和"瞧瞧""看看"，表现出布兰琪初到此处的陌生感和好奇。在对妹妹斯黛拉居住的那幢楼表现出"shock"时，奇译"惊愕"和孙译"惊奇"所使用的词汇不及冯译的"震惊"准确；对原文中"delicate beauty"的翻译，奇译和孙译分别译为"美容"和"美貌"，这两个词都是对人物面部美的描述。我们认为，从原文的上下文语境来看，"delicate beauty"不单单是对布兰琪面容美丽的形容，应是对其整体外形美的描述。如果不是，那么威廉斯应把布兰琪的面容形容为飞蛾了。冯译一个"美"字，用词灵活，避免了歧义，有效传达出对原文含义的忠实表达。

对于戏剧翻译来说，为了让读者或观众更容易理解，戏剧语言应该保持与时代并驾齐驱。虽然译者无法超越历史的局限性，但不同时期的译者应该翻译具有时代特色的戏剧文本。对比的三个译本之间的时间间隔超过 20 年。孙白梅的译本和奇青的版本分别于 1991 年和 1992 年翻译,属于同一时代,冯涛的版本于 2015 年翻译。20 世纪 90 年代初,改革开放极大地促进了社会发展和中西文化间的交流,中国人开始逐渐了解西方。2015 年已进入数字信息化时代,新事物、新概念、新词汇层出不穷。不同时代的三个译本中的不同措辞从间接的角度反映了时代的变迁。我们来看看以下这个例子:

STELLA 〔*Calling after him.*〕Stanley! Where are you going?

STANLEY Bowling!

STELLA Can I come watch?

冯涛译文:

斯黛拉 (从后面叫他。)斯坦利!你要干吗去?

斯坦利 打保龄球去!

斯黛拉 我能过去看看吗?

奇青译文:

斯蒂拉 (在他后面喊。)斯坦利!你去哪儿?

斯坦利 打滚木球去!

斯蒂拉 我可以来看吗?

孙白梅译文:

史妲拉 (在他后面叫。)斯坦利!你上哪儿去啊?

> **斯坦利** 打滚木球！
>
> **史妲拉** 我可以去看吗？

　　这是布兰琪出场前，妹妹斯黛拉和妹夫斯坦利之间的对话。由于戏剧翻译受特定时代语言习惯和特殊性的影响，这三个译本也不例外。在孙、奇时代，大多数中国人都不熟悉保龄球。因此，孙、奇将"保龄球"转译为"滚木球"，这种翻译可以被他那个时代的观众所接受。但在新时代，保龄球对中国大多数人来说已经不再是一项昂贵而罕见的运动，人们已经熟知"保龄球"，因此，考虑到时代的特殊性，冯译"保龄球"更符合新时代观众的语言习惯，因此在戏剧表演中更容易被接受。

　　动作性是戏剧语言的一个十分重要的特点，作为戏剧艺术重要的元素之一，戏剧语言也须是行动的语言，既能为演员提供表演的弹性，也能为观众或读者留下想象的空间。戏剧语言的动作性包含外形动作与内心活动两个方面。在表达人物语言的动作性时，应使用简洁精炼、鲜活的语言，将剧本中人物的真实心情和行为特征准确诠释出来，给观众或读者营造良好的剧场或阅读体验。[①]

　　例如原剧第八幕中在布兰琪生日聚会上的情景，这也是整部剧高潮的前奏部分：

　　原文：

BLANCHE Why, why—why, it's a—

STANLEY Ticket! Back to Laurel! On the Greyhound! Tuesday!

[*The Varsouviana music steals in softly and continues playing. Stella rises abruptly and turns her back. Blanches tries to smile. Then she tries to laugh. Then she gives both up and springs from the table and*

---

① 钟钰：《试论经典英国戏剧翻译的可表演性原则及策略》，《戏剧文学》，2016 年第 12 期。

runs into the next room. She clutches her throat and then runs into the bathroom. Coughing, gagging sounds are heard.]

冯涛译文：

布兰琪：哎，哎——啊？这是——
斯坦利：一张车票！回劳雷尔的车票！"灰狗"长途汽车票！星期二！
（瓦瑟维扬纳舞曲音乐轻柔地摸进，继续演奏下去。斯黛拉猛地起身，背过脸去。布兰琪努力想微笑，进而又想大笑，可终究放弃了伪装，从桌旁一跃而起，跑进了里间。她紧紧捏住咽喉又跑进了浴室。传来咳嗽和呕吐的声音。）

　　这一幕是斯坦利为了赶走布兰琪，在布兰琪生日会上送给了她一份"礼物"，当布兰琪打开"礼物"的那一刻，没有了往日的优雅、镇定，顿时慌了心神、乱了心智。原文中"Why, why—why,"虽只 3 个单词，却把握住了布兰琪此时愤怒、复杂的心理，冯译将三个"why"用拟声词译为"哎，哎——啊？"，将第三个"why"译为"啊？"并且增加了问号，标点符号的添加更好地呈现出人物内心的起伏变化，表达出了当时布兰琪难以置信的状态，符合戏剧语言口语化的特点，易于读者理解感悟；之后连续的三个动词"一跃而起"——"跑进"——"又跑进"将布兰琪内心的慌乱、紧张和瞬间的内心活动变化通过她的外形动作完整地呈现出来。冯将这三个动词完全遵照原文动词的含义直接译出，形象生动，便于读者更好地理解。
　　奇青译文：

白兰琪　啊，啊——嗯，这是一张——

斯坦利 票！回劳雷尔的票！坐远洋快轮！星期二！

（轻轻传来"瓦索维尔纳"乐曲的不断演奏。斯蒂拉蓦地站起来，转过身子。白兰琪想强颜欢笑。接着她又想装着大笑。然后她干脆什么都不装，从桌旁跳将起来，跑到隔壁卧室里。她按着喉咙跑进洗澡间。里面传来咳嗽、恶心的声音）

孙白梅译文：

布兰奇 呃，呃——这是一张——

斯坦利 车票！回劳雷尔的车票！"灰狗"长途汽车！星期二的！

（《伐苏维娜》舞曲悄悄响起，并不断回旋。史妲拉站起来，转过身去。布兰奇试图微笑，继而又想大笑，但都未成功。她忽然从桌边站起奔向隔壁房间。她按住自己喉咙，又奔进浴室。传来咳嗽、呕吐声。）

上述两个译本也基本以直译为主，孙译为"呃，呃"，省略了对原句中第三个"Why"的翻译；奇译为"啊，啊——嗯，"，遵照原文译出，我们认为冯译通过"哎，哎——啊？"拟声词的语气变化和标点符号的辅助，更能展现布兰琪当时当景内心的剧烈变化；孙译将 *springs from the table and runs into the next room* 中两个并列动宾短语译为连贯动作"站起奔向"，其中"run into"译为"奔向"不如奇译"跑到"和冯译"跑进"贴切。在对 *and then runs into the bathroom* 译文中，冯译和孙译都将其中 *and then* 译为"又"，呈现三个动作逐次递进的关系，传达出布兰琪内心强烈的变化过程。

翻译是一种跨文化行为，它不仅是语言之间的转换过程，也是文化的移植过程。不同的文化背景和文化传统，使中西方在地域环境和风俗习惯、价值标准等方面存在很大的文化差异。一国的文化现象在另一国未必存在，因而造成文化缺省，王东风在他的《文化缺省与翻译中的连贯重构》一文中归纳出了翻译实践中常用的五种文化缺省处理方法，即：文外作注，文内明示，归化，删除及硬译。① 对在此剧中提到的作家、作品等没有文化对应的标记词时，冯涛多采用文外作注的翻译方法，即在文内采用直译，有关文化缺省的说明放在注释中。比如在剧中第三场"扑克之夜"舞台说明中的第一句话：

原文：

There is a picture of Van Gogh's of a billiard-parlor at night.

冯涛译文：

俨然凡·高《弹子房之夜》*所描绘的情景。

（*应是凡·高的《咖啡馆之夜》。）

"Van Gogh's of a billiard-parlor at night"冯译本对此处提到的这幅画在脚注中修正为"应是凡·高的《咖啡馆之夜》。""billiard"有弹子、台球之意，"billiard-parlor"意思是弹子房、台球室，梵高画作《咖啡馆之夜》的中心便是一张台球桌，因而冯涛版的翻译更契合时下对梵高名画的理解与翻译，有效地帮助读者了解此处的文化真空点，使上下文得以连贯。体现国内学界对梵高与威廉斯研究的深入。

---

① 王东风：《文化缺省与翻译中的连贯重构》，《外国语》（上海外国语大学学报），1997 年第 6 期。

奇青译文：

背景上挂着梵高*画的一幅《弹子厅之夜》

（*梵高［1853—1890］，荷兰后期印象派画家，风格独特，笔触奔放，色彩绚烂，富于思想内容。）

孙白梅译文：

这里是一幅梵·高笔下的夜间弹子房图景。

奇译本也采用直译加脚注的方法，在脚注处对梵高进行注释说明："梵高（1853—1890），荷兰后期印象派画家，风格独特，笔触奔放，色彩绚烂，富于思想内容"；孙译为"一幅梵·高笔下的夜间弹子房图景"没有给出注释。我们认为，冯译版中对这一文化背景进行的补充注释，满足了读者的预期，便于读者了解西方文化。

总体而言，冯涛的译文以直译为主，忠实于原剧的意图，较好地把原剧的诗意语言传达出来。同时作为 21 世纪新时期的译本，在忠于原剧的基础上，以文学性为首要目标，整体上时代感强，将时下流行的词汇用于译文中，对剧本的补充注释也具有时代感，贴近读者接受的通俗性，因而复印版次较多，总体发行量较大。

📖 **思考与阅读**

田纳西·威廉斯对于美国当代戏剧舞台最重要的贡献之一，就是创造了一种诗歌般的却又通俗流行的舞台语言①。他开创的诗意戏剧，就其表

---

① 韩曦：《论田纳西·威廉斯戏剧的艺术风格》，《安徽大学学报（哲学社会科学版）》，2013 年第 2 期。

现来说，体现在人物、对话、音乐、声响、场景、灯光的运用上，而他剧作中的诗意特征，体现为语言的抒情性、韵律美感，人物的自我呈现；体现为剧作人物、物体的象征性；体现为剧作的人物、情节、场景、命运和氛围营造出的蕴意悠远。由于篇幅所限，从节选的段落中不足以完全展现威廉斯剧作的诗意风格。大家可以阅读威廉斯创作的其他作品，比如《玻璃动物园》，体会他用象征主义和表现主义等现代主义手法与现实主义混合兼容，凸显出"诗化的现实主义"的戏剧风格。除了创作诗剧，威廉斯一生共出版 2 部诗集，一部是 1956 年出版的《在城市的冬天里》（*In the Winter of Cities*），另一部是 1976 年出版的《雄雌花，男人的私情》（*Androgyne，Mon Amour*）。威廉斯对诗的热爱或多或少受到哈特·克莱恩的影响，他喜欢把克莱恩的诗句作为题词放在他剧作的扉页上，这背后有什么故事吗？

田纳西·威廉斯的戏剧语言与尤金·奥尼尔和阿瑟·米勒的戏剧语言不同，但他们三位并称为是 20 世纪美国最优秀的戏剧家。除语言外，三位剧作家的戏剧风格也各具特色，试着将三位作家的戏剧对照阅读，体会其中的特色差异。冯涛、乔治·高和英若诚作为翻译家，也有各自不同的翻译思想和翻译风格。试着阅读三位翻译家的译作，体会其中体现的个人风格。冯涛同时还是出版人、编辑，他的作品有没有受到出版人和编辑身份的影响？

以下是我们推荐的一些基础读物。

（1）Tennessee Williams. *A Streetcar Named Desire.* New York: New Directions Publishing, 1947.

（2）奇青:《外国当代剧作家选·3》，北京：中国戏剧出版社，1992 年。

（3）孙白梅:《欲望号街车》，上海：上海译文出版社，1991 年。

（4）冯涛:《欲望号街车》，上海：上海译文出版社，2015 年。

（5）马爱农:《外国戏剧百年精华》，北京：人民文学出版社，2005 年。

（6）一匡:《欲望号街车》，北京：中国电影出版社，1982 年。

（7）仰初:《欲望号街车》，北京：中国电影出版社，1982 年。

第十章　米勒《推销员之死》
（英若诚译）

A salesman is got to dream, boy.

It comes with the territory.

—— *Death of a Salesman*

推销员就得靠梦活着，孩子。

干这一行就得这样。

——《推销员之死》

Death of a Salesman

—— Arthur Miller

PERSONS

Willy Loman

Linda

Biff

Happy

Charley

Stanley

SCENE   *The action takes place in Willy Loman's house and yard and in various places he visits in the New York and Boston of today.*

ACT ONE

LINDA   [*Hearing Willy outside the bedroom, calls with some trepidation.*] Willy!

WILLY   It's all right. I came back.

LINDA   Why? What happened? [*Slight pause.*] Did something happen, Willy?

WILLY   No, nothing happened.

LINDA   You didn't smash the car, did you?

WILLY   [*With casual irritation.*] I said nothing happened. Didn't you hear me?

LINDA   Don't you feel well?

WILLY   I'm tired to the death. [*The flute has faded away. He sits on the bed beside her, a little numb.*] I couldn't make it. I just couldn't make it, Linda.

LINDA   [*Very carefully, delicately*] Where were you all day? You look terrible.

WILLY　I got as far as a little above Yonkers. I stopped for a cup of coffee. Maybe it was the coffee.

LINDA　What?

WILLY　[*After a pause.*] I suddenly couldn't drive any more. The car kept going off on to the shoulder, y'know?

LINDA　[*Helpfully.*] Oh. Maybe it was the steering again. I don't think Angelo knows the Studebaker.

WILLY　No, it's me, it's me. Suddenly I realize I'm goin' sixty miles an hour and I don't remember the last five minutes. I'm—I can't seem to—keep my mind to it.

LINDA　Maybe it's your glasses. You never went for your new glasses.

WILLY　No, I see everything. I came back ten miles an hour. It took me nearly four hours from Yonkers.

LINDA　[*Resigned.*] Well, you'll just have to take a rest, Willy, you can't continue this way.

WILLY　I just got back from Florida.

LINDA　But you didn't rest your mind. Your mind is overactive, and the mind is what counts, dear.

WILLY　I'll start out in the morning. Maybe I'll feel better in the morning. [*She is taking off his shoes.*] These goddam arch supports are killing me.

LINDA　Take an aspirin. Should I get you an aspirin? It'll soothe you.

WILLY　[*With wonder.*] I was driving along, you understand? And I was fine. I was even observing the scenery. You can imagine, me looking at scenery, on the road every week of my life. But it's so beautiful up there, Linda, the trees are so thick, and the sun is warm. I opened the windshield and just let the warm air bathe over me. And then all of a sudden I'm goin' off the road! I'm tellin' ya, I absolutely forgot I was driving. If I'd've gone the other way over the white line I might've killed somebody. So I went on again—and five minutes later I'm dreamin' again, and I nearly—[*He presses two fingers against his eyes.*] I have such thoughts, I have such strange thoughts.

STANLEY Sure, in the front there you're in the middle of all kinds of noise. Whenever you got a party, Mr. Loman, you just tell me and I'll put you back here. Y'know, there's a lotta people they don't like it private, because when they go out they like to see a lotta action around them because they're sick and tired to stay in the house by theirself. But I know you, you ain't from Hackensack. You know what I mean?

HAPPY [*Sitting down.*] So how's it coming, Stanley?

STANLEY Ah, it's a dog's life. I only wish during the war they'd a took me in the Army. I coulda been dead by now.

HAPPY My brother's back, Stanley.

STANLEY Oh, he come back, heh? From the Far West.

HAPPY Yeah, big cattle man, my brother, so treat him right. And my father's coming too.

STANLEY Oh, your father too!

HAPPY You got a couple of nice lobsters?

STANLEY Hundred percent, big.

HAPPY I want them with the claws.

STANLEY Don't worry, I don't give you no mice. [*Happy laughs.*] How about some wine? It'll put a head on the meal.

HAPPY   No. You remember, Stanley, that recipe I brought you from overseas? With the champagne in it?

STANLEY   Oh, yeah, sure. I still got it tacked up yet in the kitchen. But that'll have to cost a buck apiece anyways.

HAPPY   That's all right.

STANLEY   What'd you, hit a number or somethin'?

HAPPY   No, it's a little celebration. My brother is—I think he pulled off a big deal today. I think we're going into business together.

STANLEY   Great! That's the best for you. Because a family business, you know what I mean?—that's the best.

HAPPY   That's what I think.

LINDA   He's dying, Biff.

[*Happy turns quickly to her, shocked.*]

BIFF   [*After a pause.*] Why is he dying?

LINDA   He's been trying to kill himself.

BIFF   [*With great horror.*] How?

LINDA   I live from day to day.

BIFF   What're you talking about?

LINDA   Remember I wrote you that he smashed up the car again? In February?

BIFF   Well?

LINDA   The insurance inspector came. He said that they have evidence. That all these accidents in the last year—weren't—weren't—accidents.

HAPPY   How can they tell that? That's a lie.

LINDA   It seems there's a woman... [*She takes a breath as.*]

《推销员之死》

英若诚　译

剧中人

威利·洛曼

林达——威利·洛曼的妻子

比夫——威利·洛曼的长子

哈皮——威利·洛曼的次子

查利

斯坦利

地点　本剧发生于威利·洛曼家中的室内和庭院中，以及他去纽约和波士顿的几个地方。时间是今天。

第一幕

林达　（听到威利在卧室外的声音，有些胆怯地叫他。）威利！

威利　别担心，我回来了。

林达　你回来了？出了什么事？（短暂的停顿。）是出了什么事吗？威利？

威利　没有，没出事。

林达　你不是把车撞坏了吧？

威利　（不在意地，有些烦躁。）我说了没出事，你没听见？

林达　你不舒服了？

威利　我累得要死，（笛声逐渐消失了。他在她身旁床上坐下，木木地。）我干不了啦。林达，我就是干不下去啦。

林达　（小心翼翼地，非常体贴地。）你今天一天都在哪儿？你的气色坏透了。

威利　我把车开到杨克斯过去不远，我停下来喝了一杯咖啡。说不定就是那杯咖啡闹的。

林达　怎么？

威利　（停了一下。）忽然间，我开不下去了。车总是往公路边上甩，你明白吗？

林达　（顺着他说。）噢。可能又是方向盘的关系。我看那个安杰罗不大会修斯图贝克车。

威利　不是，是我，是我。忽然间我一看我的速度是一小时六十英里，可是我根本不记得刚刚的五分钟是怎么过去的。我——我好像不能集中注意力开车。

林达　也许是眼镜不好。你一直没去配新眼镜。

威利　不是，我什么都看得见。回来的路上我一小时开十英里。从杨克斯到家我开了差不多四个钟头。

林达　（听天由命。）好吧，你就是得歇一阵子了，威利，你这样干下去不行。

威利　我刚从佛罗里达休养回来。

林达　可是你脑子没得到休息。你用脑过度，亲爱的，要紧的是脑子。

威利　我明天一早再出车。也许到早上我就好了。这双鞋里头该死的脚弓垫难受得要命。

林达　吃一片阿司匹林吧，我给你拿一片，好不好？吃了能安神。

威利　（纳闷地。）我开着车往前走，你明白吗？我精神好得很，我还看风景呢。你想想看，我一辈子天天在公路上开车，我还看风景。可是林达，那边真美啊，密密麻麻的树，太阳又暖和，我打开了挡风玻璃，让热风吹透了我的全身。可是突然间，我的车朝着公路外边冲出去了！我告诉你，我忘了我是在开车呢，完全忘了！幸亏我没往白线那边歪，不然说不定会撞死什么人。接着我又往前开——过了五分钟我又出神了，差一点儿——（他用手指头按住眼睛。）我脑子里胡思乱想，什么怪念头都有。

斯坦利 没错儿，前头那块儿吵得厉害。往后不管什么时候您要请客，洛曼先生，给我个话，咱们就在这儿办。您不知道，有好些个客人还不喜欢安静，人家来这儿就是图个热闹，因为在家里闷得慌。可我摸得着您的心思，您不是那号俗人。是不是这个意思？

哈皮 （坐下。）混得怎么样啊，斯坦利？

斯坦利 别提了，还不如条狗呢。当年打仗的时候，要是把我征兵征去就好了。那这会儿我早死了，省心了。

哈皮 我哥哥回来了，斯坦利。

斯坦利 嘚，他回来了，呃？从老远的西部回来了。

哈皮 对，畜牧业里的大人物，我哥哥，所以你好好伺候他。我父亲今儿也来。

斯坦利 哦，老爷子也来！

哈皮 今儿有大龙虾吗？

斯坦利 没错儿，保险个儿大。

哈皮 我要带钳子的。

斯坦利 放心，绝不能拿两只耗子糊弄您。（哈皮大笑。）还得来点葡萄酒吧？助助兴。

哈皮 不要。你还记得我从国外给你带来的那个配酒的秘方吧？里头掺香槟酒的？

斯坦利 没错儿，记得。还在厨房墙上贴着呢。可那每一位至少一块钱。

哈皮 行，没事儿。

斯坦利 怎么，您中了彩票了？

哈皮　不是，小小地庆祝一下，我哥哥今天——我看他今天做成了一件大买卖。我们俩可能合伙做生意。

斯坦利　太棒了！这个办法最好。因为都是一家人，您明白我的意思？——好办法。

哈皮　我也这么想。

林达　他活不了多久了，比夫。(哈皮转身向她，愕然。)

比夫　(停了一下。)为什么他活不了多久了？

林达　他打算自杀。

比夫　(惊恐。)什么？

林达　我现在活一天是一天。

比夫　你说的是什么？

林达　记得我给你写信说他又撞车了吗？二月里？

比夫　怎么样？

林达　保险公司的调查员来过。他说他们有证据。他说去年所有那些次事故都——都不是——不是事故。

比夫　他们怎么知道？这是胡说。

林达　好像是有一个女人……(她刚一喘气。)

📖 原作赏析

　　阿瑟·米勒是20世纪40年代后期以来美国戏剧的主要代表人物之一，被誉为"美国戏剧的良心"。米勒1915年10月17日出生于纽约一个犹太人中产阶级家庭，父亲的生意在经济大萧条时期破产，生计艰难，他中学毕业后便参加了工作。在攒够了大学一年的学费后，米勒考入密歇根大学，靠奖学金及做《密歇根日报》晚班编辑的工资上完大学。大学期间他阅读了大量书籍，对文学产生了浓厚兴趣，开始试写剧本，并显露了戏剧才能，写了 4 部剧本，2 次获得校内霍普沃德写作竞赛戏剧奖。1938
年，他获得文学学士学位。1939 年开始编写广播剧，1941 年至 1944 年，
米勒从事过多种工作，如当卡车司机、侍者、电台歌手，撰写广播剧等，
但戏剧创作从未停止。1944 年，米勒的剧作《鸿运高照的人》问世，这
是他第一部在百老汇上演的剧本。1947 年，他在剧本创作方面首次获得
较大的成功，其作品《都是我的儿子》（*All My Sons*）在百老汇上演，连
演 328 场，获纽约剧评界奖，使他一举成名。另外，他还创作了《萨勒
姆的女巫》（*The Crucible*，1953）、《桥头眺望》（*A View from the Bridge*，
1955）、《美国时钟》（*The American Clock*，1980）等剧。米勒的戏剧关注
社会问题，针砭时弊，对社会现实和戏剧技巧做了深刻的探索，把人的良
心、良知、责任感和公正、正直看作是戏剧魅力的主要源泉。

　　《推销员之死》（*Death of a Salesman*）是一部两幕剧，刻画了 20 世纪
40 年代美国小人物悲剧性的一生。剧本描写老推销员威利生命中最后的
一夜加一天与妻子林达、长子比夫、次子哈皮以及邻居、老板之间的矛盾
冲突，并用闪回的手法追忆了威利一生中的几个重要时刻。威利年轻时拼
命工作，希望通过努力出人头地；同时，他对自己的两个儿子寄予厚望，
希望他们也能够飞黄腾达。结果儿子们却双双一事无成：他的大儿子比夫
因在一个偶然的机会目睹了父亲对母亲的不忠，人生价值观坍塌，从一个
中学时的体育明星成了一个小偷小摸的人，30 多岁还是一事无成，居无
定所四处流浪；小儿子哈皮，志大才疏而又玩世不恭，沉湎于女色。威利
一生的愿望无一落实，而自己也最终被服务了三十多年的公司解雇了。老
推销员做了一辈子美梦，现在全都幻灭了，自尊心受到严重挫伤。威利最
终发现儿子是爱自己的，为了给儿子提供创业的资本，他深夜驾车外出
撞毁身亡，以获得一笔人寿保险费。在阿瑟·米勒诸多剧作中，给他带来
国际声誉的剧作即是 1949 年写成的剧本《推销员之死》（*Death of a Sales-man*），这是他所有剧作中成就最高、上演最多、影响最大的作品，在百老
汇连续上演 742 场，此剧一举囊括了托尼奖、普利策奖和纽约剧评界奖。

20 世纪 70 年代末，随着中美政治关系的解冻，中美戏剧团体开始加强相
互交流，米勒的作品很快引起中国戏剧界的重视。1983 年，米勒应邀来
北京与我国戏剧大师英若诚携手合作，将《推》剧搬上中国舞台，好评如
潮。米勒和北京人民艺术剧院不仅将地道的美国故事讲给中国观众，还讲
出了中国特色，让美国推销员的故事在中国同样引起共鸣。王佐良称之为
"令人鼓舞的五月演出"，并说：中国的翻译家有眼光，中国的演员有本
领，中国的观众也有心灵上的敏感和广阔的艺术趣味，容得下也欣赏得了
世界上的一切好戏。①

　　《推销员之死》是阿瑟·米勒最著名的三部代表作之一，无论在美国
还是在中国都广受欢迎。至于它在中国的成功，除了作品本身的优秀之
外，不可否认的是，恰当而准确的翻译发挥着巨大的作用。《推》剧有三
个中文版本，它们是：1971 年的姚克版本、1980 年的陈良廷版本和 1983
年的英若诚版本。姚克先生是我国近代著名翻译家和剧作家，由他率先
将 *Death of a Salesman* 译入中国（以下简称"姚译本"）。由于译文中过多
使用地道北京话，姚先生的译本受众范围相对较小。国内研究 *Death of a
Salesman* 的学者较多采用陈良廷译本（以下简称"陈译本"）以及为搬上
话剧舞台而"量身定做"的英若诚译本（以下简称"英译本"）。三种译本
各有特色，此章选择的是英若诚译本。

译文赏析

　　英若诚是满族人，1929 年 6 月 21 日出生于北平一个满族知识分子的
书香世家，其祖父英敛之是当时一位很有名望的知识渊博的仁人志士，不
仅创办了《大公报》，还创办了著名的辅仁大学。英若诚的父亲英千里是
剑桥大学的毕业生，辅仁大学著名教授。少年时，英若诚被父亲送进天津
圣路易教会中学，接受了正规的外语教育，打下了良好的外语根基。1946

---

① 　王佐良：《令人鼓舞的五月演出——〈推销员之死〉观后感》，《中国戏剧》，1983 年第 6 期。

年英若诚以优异成绩考入清华大学外国文学系。在大学时期,英若诚参加了业余的"骆驼剧团",出演了《保罗·莫莱尔》《春风化雨》等话剧,并在这一时期开始翻译外文书籍,年仅18岁的他把爱森斯坦写的《电影感》译成中文,其翻译水平之高得到了当时正在清华大学任教的著名外国文学专家王佐良教授的高度赞赏。1950年,英先生考入北京人民艺术剧院,先后出演了不少著名话剧,塑造了许多个性鲜明、引人入胜的人物形象:《龙须沟》中的三元茶馆掌柜、《骆驼祥子》中的车厂主刘四、《茶馆》里的刘麻子等。

英先生的翻译事业始于20世纪50年代,作为"语言人",英先生的英文十分标准地道,美国音、澳洲音、黑人音及俚语都谙熟于心,为他翻译戏剧作品打下了坚实的基础。他相继翻译了剧本《咖啡店的政客》《甘蔗田》《报纸主笔》及莎士比亚的《请君入瓮》、阿瑟·米勒的《推销员之死》、谢佛的《上帝的宠儿》、沃克的《哗变》、萧伯纳的《芭巴拉少校》等,并将中国优秀剧作《茶馆》《王昭君》《家》《狗儿爷涅槃》等译为英文。英若诚同时把中国戏剧文化传播到西方,作为密苏里大学的客座教授,他结合教学实践为学生们排演了中国话剧《家》,该剧在美国的演出产生了轰动效应。

20世纪80年代初,正值改革开放初期,透过刚刚打开的国门,人们迫切需要了解外部世界的生活,同时国内话剧发展几乎处于停滞状态,急需引入能让人耳目一新的话剧模式。《推销员之死》这出具有极高知名度的悲剧自然成为英先生的首选。问其原因,英先生说,人们已经看惯了传统的社会问题剧,需要换个新型的剧本,一方面是对剧作艺术性的考虑,另一方面可以让年轻的演员和导演们接触到新颖的戏剧形式,从中学习和借鉴不同的艺术表现形式。

鉴于《推》剧之前的译本不适合舞台演出,应米勒要求,英若诚先生担纲起了剧本翻译的重任,并被导演米勒指定出演男主人公威利。英若诚仅用了6周的时间翻译完成了《推》的舞台演出本,不仅在语言节奏上保持了米勒的风格，而且在语言表现上增加了民族乡土味儿，即采用通俗易懂、"活泼"上口的北京话，力图在风格传递上保持原作的神韵。1983年，中文版《推销员之死》上演，第一轮演出持续 3 个月之久，共演出 50 多场，场场爆满，反响热烈。由此可见，英若诚的汉译本满足了舞台表演的需要，是该剧成功演出的关键。谈及对戏剧翻译的标准，英若诚在《英若诚译名剧五种》的前言中说道，话剧是"……各种艺术形式最依赖口语的直接效果的形式。……这样，活的语言，靠听觉欣赏的语言，在话剧中越来越重要"[①]。也就是说，就戏剧语言而言，其最根本的特点就是具有"直接效果"的"活的语言"，既要符合戏剧表演的特殊要求，又要充分表达人物的性格特色。因此，戏剧语言要"铿锵有力，切忌拖泥带水"，而"这正是戏剧语言的艺术精髓"。因此，"口语化和简练就成了戏剧翻译中必须首先考虑的原则"。[②]

　　米勒在《推销员之死》这部剧中使用的语言以 20 世纪 40 年代末纽约布鲁克林的中下层社会方言为基础，充满俚语、简单甚至粗糙的土语。这些不规范的方言和土话，以及不规范的语法结构都是塑造人物的一种手段。为实现该剧在中国文化语境中的有效移植，达到戏剧翻译的表演效果，并能直接打动中国观众，英先生巧妙采用北京方言，在方言土语、具体的词语翻译中反对机械地死扣原文字句的翻译方法，坚持意译而不是直译的翻译策略，体现了戏剧语言的时代感和地方感，增强了戏剧语言的生命力，符合当时观众的语言与交际语境，使得译本符合舞台表演的要求。例如原文第一幕的开头部分：

WILLY　I'm tired to the death. [*The flute has faded away. He sits on the bed beside her, a little numb.*] I couldn't make it. I just couldn't make it, Linda.

---

① 英若诚：《英若诚译名剧五种》，沈阳：辽宁教育出版社，2001 年，第 2 页。
② 英若诚：《英若诚译名剧五种》，沈阳：辽宁教育出版社，2001 年，第 3 页。

LINDA [*Very carefully, delicately.*] Where were you all day? You look terrible.[①]

英若诚译文：

威利　我累得要死，（笛声逐渐消失了。他在她身旁床上坐下，木木地）我干不了啦。林达，我就是干不下去啦。

林达　（小心翼翼地，非常体贴地。）你今天一天都在哪儿？你的气色坏透了。[②]

　　这是第一幕开始时威利和林达之间的对话。当日渐衰老的威利深夜里满身疲惫、烦躁不安地回到家时，妻子林达询问丈夫威利身体是否不适，之后威利主动提到开车不顺利这件事。对读原文和译文，可以看出，英先生的译文以意译为主，"make it"有"取得成功"之意，他将"I couldn't make it"译为"我干不了啦"，在句尾增加了拟声词"啦"，同时，将称呼语"林达"移到两句中间，以增强其口头表达能力，符合汉语的表达习惯，达到了舞台的"语言直接效果"。

　　来看看其他两个译本。

　　陈良廷译文：

威利　我累得要死。（笛声消失。他在床边挨着她坐下，有一点僵硬。）我事情没办成。怎么也办不成，林达。

林达　（非常小心、体贴。）你整天在哪里？你气色很不好。[③]

---

　　①　Arthur, Miller. *Death of a Salesman*. New York: Penguin Books, 1998, p. 2. 本章所选阿瑟·米勒《推销员之死》原文均出自此书。

　　②　英若诚：《推销员之死》，上海：上海译文出版社，2020年，第41页。本章所选英若诚《推销员之死》译文均出自此书。

　　③　陈良廷：《阿瑟·密勒剧作选》，上海：上海译文出版社，1980年，第111页。本章所选陈良廷《推销员之死》译文均出自此书。

姚克译文:

惟利 我累得要死了。(笛声已寂，他挨着床沿坐在她身旁，稍微有些麻痹的感觉。)我不会开车了。我简直不会开车了，林妲。

林妲 （非常小心，婉转。）你整天在哪儿呀？气色难看极了。①

上述两个译本中，姚译和陈译都遵从了原文的语言顺序。姚译在句尾增加"了"字，译为"我不会开车了"，如果把这句话与下文关联起来，"我不会开车了"符合情境的连贯；陈译"没办成"，忠实于"make it"的字面含义，但和上下文语境不连贯，会给读者的理解造成一定的障碍。

由于语言文化的差异，原剧中某些带有文化隐含意义的表述在翻译时容易丢失，而且由于舞台表演的瞬时性、不间断性，一些文化负载词无法通过加注解释的方式来传达，在改革开放初期，很多中国人对西方世界的文化知之甚少，目的语观众无法在一瞬即逝的台词中去字斟句酌其中的含义，这就需要译者采用恰当的翻译策略帮助观众瞬时了解异域文化。请看下面一例：

WILLY [*After a pause.*] I suddenly couldn't drive any more. The car kept going off on to the shoulder, y'know?

LINDA [*Helpfully.*] Oh. Maybe it was the steering again. I don't think Angelo knows the Studebaker.

……

LINDA [*Resigned.*] Well, you'll just have to take a rest, Willy, you can't continue this way.

WILLY I just got back from Florida.

---

① 思果：《推销员之死：选评（姚克译本）》，北京：中国对外翻译出版公司，2004年，第7—8页。本章所选姚克《推销员之死》译文均出自此书。

英若诚译文：

威利 （停了一下。）忽然间，我开不下去了。车总是往公路边上甩，你明白吗？

林达 （顺着他说。）噢。可能又是方向盘的关系。我看那个安杰罗不大会**修斯图贝克车**。

……

林达 （听天由命。）好吧，你就是得歇一阵子了，威利，你这样干下去不行。

威利 我刚从**佛罗里达休养**回来。

对读原文和译文，可以看出，英先生对于处理带有西方特色的文化词，使用了增译的翻译策略。"Studebaker"是美国汽车公司的汽车品牌，但却不像福特、奔驰等品牌为中国观众（读者）所熟知。为了让戏剧观众消除理解障碍，英先生在"Studebaker"的音译后增加其属别"修斯图贝克车"，这样更易为译文读者所理解，让观众立刻能感受到这是林达在舒缓威利当时的焦躁心情，安慰威利说，是安杰罗不了解这个牌子的车，所以没有修好车而导致威利出现"开不下去了"的状况。

"Florida"是位于美国东南部的一个州，是美国著名的旅游胜地。原文中林达劝说身心俱疲的威利能够歇一阵子，执拗的威利紧接着说自己刚从佛罗里达休假回来，原文中并没有出现"休养"，而是直接用"got back from Florida"，这是因为美国的观众一听佛罗里达便能明白威利刚刚度假回来，但对于当时没有此处背景信息的观众可能不知道佛罗里达是美国人度假放松的热门地方。若直译，恐怕会使中国观众费解，因此英先生采用了音译＋释义的手段将 got back 译作"休养回来"在地名后加上"休养"二字，补足了信息，将意象及其背后的内涵交代给了观众，向观众清晰地展示了文本中的逻辑联系，保证了观众的接受质量。使整个舞台表演更加流畅连贯。

下面来比较这一部分原文的其他两个译本。

姚克译文：

惟利　（略顿。）我忽然驾驶不来了。车子直往路边闯上去，你明白？

林姐　（譬解地。）哦。也许是舵轮又出毛病了。我想修车的安吉洛（Angelo）不会修斯丢德倍格（Studebaker）牌的车。

……

林姐　（没话可说。）那么，你只有休息一阵了，惟利，这样挨下去不是个办法。

惟利　可是我刚从佛罗里达（Florida）回来。

陈良廷译文：

威利　（稍停。）忽然间我再也开不了车。汽车一直开上了路边，你知道吗？

林达　（帮着找原因。）啊，也许是方向盘又出毛病啦。我想安吉洛不见得会开史蒂倍克②。

……

林达　（委曲求全。）得了，你非歇会儿不可。威利，你不能再这样下去了。

威利　我刚从佛罗里达回来。

"keep going" 是一个动词短语，意思是不停地前进。在这种情况下，意味着汽车无法停止并一直行驶。陈的版本翻译出了这个短语的字面意思，没有任何错误或印象。英译和姚译中使用了汉语动词"甩"和"闯"，灵巧地翻译出这个句子的动作文本，而且，一个单词与整个句子匹配，让演员更容易记住台词。对"the Studebaker"的翻译，英译和姚译一样都使用了增译法，译为"修……车"，不同的是姚译将"Studebaker"完全按照英语发音译为"斯丢德倍格"，并在其后添加了原文（Florida）以帮助观众（读者）更好地理解；与英译和姚译不同的是，陈译将"Studebaker"直接地音译为史蒂倍克，并且添加了脚注，可方便读者在阅读过程中查阅相关信息，理解音译的意思。另外，姚译和陈译在对"got back from Florida"的翻译中采用了直译，没有补足相应的背景信息，会让观众（读者）感到费解。英译版中增加"休养"一词，既呼应了之前林达对威利"歇一阵子"的建议，又符合佛罗里达为人们度假胜地的实际情况。

在戏剧剧情发展过程中，舞台提示语的作用不容小觑，它除了描述剧中人物的上下场、特定动作和心理感受等，还可以揭示人物之间的相互关系和矛盾冲突。所以舞台提示语的语言风格应简洁明了、朴素自然。

在原剧第一幕的开始阶段，上下文简短的舞台提示语对于揭示剧中人物性格、内心感受以及展示人物之间的相互关系、引导观众进入剧情起着十分关键的作用。下面选取第一幕片段中的部分剧内舞台提示语为例。

（1）[*The flute has faded away. He sits on the bed beside her, a little numb.*]

笛声逐渐消失了。他在她身旁床上坐下，木木地。（英译）

笛声已寂，他挨着床沿坐在她身旁，稍微有些麻痹的感觉。（姚译）

笛声消失。他在床边挨着她坐下，有一点僵硬。（陈译）

（2）[*Very carefully, delicately.*]

小心翼翼地，非常体贴地。（英译）

非常小心，婉转。（姚译）

非常小心、体贴。（陈译）

（3）［*Helpfully.*］

顺着他说。（英译）

譬解地。（姚译）

帮着找原因。（陈译）

第（1）处舞台提示语 "*The flute has faded away. He sits on the bed beside her, a little numb*" 中的 "a little numb"，英译用词简洁明了，3 个字 "木木地" 准确、形象地描述了威利当时的表情动作和内心感受，勾画出了威利当时疲惫不堪、神情恍惚的状态；陈译 "有点僵硬" 更多地体现在对身体状态的描述，姚译 "稍微有些麻痹的感觉"，用 9 个字译出，语义稍显模糊，不易被理解，但 "*He sits on the bed beside her,*" 姚译 "他挨着床沿坐在她身旁" 更加确切、自然；在第（2）处 "*Very carefully, delicately*" 和第（3）处 "*Helpfully*"，英译的 "非常体贴地" 和 "顺着他说" 同样准确凝练，说明英先生对于剧情和人物内心的观察细致入微，增强了舞台语言的表现力，为演员现场的形体动作和对人物心理的把握提供了明确的提示；陈译的 "体贴""帮着找原因" 和姚译的 "婉转""譬解地" 虽然语言简练，但没有很好地传达出此时此地人物复杂微妙的心理体验，使舞台提示语的效果有所受限。比较三个译本，可以看出，英若诚先生运用准确、生动的语言敏锐地把握了特定时刻、特定人物的形体和心理动作，不但为演员的表演提供了简洁明了的提示，而且为观众的观赏营造了理想的情境体验。

如前所述，《推》剧中使用的是 20 世纪 40 年代末纽约的中下层语言，其中有一些土语，要想准确通顺地表达出原作的意思，呈现出适用于舞台的 "语言直接效果"，英先生大胆地采用了相应的北京方言，通过改变某些语言的形式，使观众感到与人物的距离接近，如置身于人物所处的情境中，这使观众能比较形象地了解当时时代和背景的下层劳动者的生活状况。我们来看看威利的小儿子哈皮和服务员斯坦利之间的对话。

STANLEY Sure, in the front there you're in the middle of all kinds of noise. Whenever you got a party, Mr. Loman, you just tell me and I'll put you back here. Y'know, there's a lotta people they don't like it private, because when they go out they like to see a lotta action around them because they're sick and tired to stay in the house by theirself. But I know you, you ain't from Hackensack. You know what I mean?

HAPPY [*Sitting down.*] So how's it coming, Stanley?

STANLEY Ah, it's a dog's life. I only wish during the war they'd a took me in the Army. I coulda been dead by now.

HAPPY My brother's back, Stanley.

STANLEY Oh, he come back, heh? From the Far West.

HAPPY Yeah, big cattle man, my brother, so treat him right. And my father's coming too.

STANLEY Oh, your father too!

HAPPY You got a couple of nice lobsters?

STANLEY Hundred percent, big.

HAPPY I want them with the claws.

STANLEY Don't worry, I don't give you no mice. [*Happy laughs.*] How about some wine? It'll put a head on the meal.

英若诚译文：

斯坦利 没错儿，前头那块儿吵得厉害。往后不管什么时候您要请客，洛曼先生，给我个话，咱们就在这儿办。您不知道，有好些个客人还不喜欢安静，人家来这儿就是图个热闹，因为在家里

闷得慌。可我摸得着您的心思．您不是那号俗人。是不是这个
意思？

哈皮　（坐下。）混得怎么样啊，斯坦利？

斯坦利　别提了，还不如条狗呢。当年打仗的时候要是把我征兵
征去就好了。那这会儿我早死了，省心了。

哈皮　我哥哥回来了，斯坦利。

斯坦利　嗬，他回来了，呃？从老远的西部回来了。

哈皮　对，畜牧业里的大人物，我哥哥，所以你好好伺候他。我
父亲今儿也来。

斯坦利　哦，老爷子也来！

哈皮　今儿有大龙虾吗？

斯坦利　没错儿，保险个儿大。

哈皮　我要带钳子的。

斯坦利　放心，绝不能拿两只耗子糊弄您。（哈皮大笑。）还得来
点葡萄酒吧？助助兴。

　　对读原文和译文，英先生的译文符合戏剧语言的人物特点。作为一
名在小餐馆工作的文化程度不高的年轻服务员，原剧基本用土话和白话
甚至是含有语言错误的词语或句子，来体现斯坦利的身份和文化层次。
《推》剧首演是在 20 世纪 80 年代的北京，英先生为了拉近与中国观众的
距离，便于其欣赏与理解，大胆地采用北京方言，顺势加入了当时流行的
"口水话"，并以北京小餐馆中店小二的语言特点来对译这段话，如"tell
me"——"给个话儿"；"put you back here"——"在这办"；"I know
you"——"摸得着您的心思"；"father"——"老爷子"；"I don't give
you no mice"——"糊弄您"；"put a head on the meal"——"助助兴"等
这些既带有韵律感又使中国观众熟悉而耳顺的北京方言，大大增添了中国
观众对于本剧的代入感。这些语言不仅简练而且给观众创造了熟悉的社会

和历史背景，使得戏中人物的个性得到有效地再现。同时也还原出原剧故事反映的 20 世纪 40 年代背景下的中下层劳动者的生活状况，使读者特别是拿到了剧本的演员一目了然，简单易懂。

接下来，让我们来看看陈良亭和姚克对这段对话的翻译。

姚克译文：

斯丹莱　可不是？在前边儿，四周围都是嘈杂的声音。您什么时候要请客，罗门先生，您只要吩咐下来，我就给您安排在这儿后边。您知道，有许多客人，他们不爱静僻，因为他们出来就喜欢四周围乱乱腾腾的，因为他们在自己家里冷冷清清的待腻了。可是我知道您，您不是从哈根撒克（Hackensack）这种小地方来的。您知道我的意思？

海庇　（坐下。）你在这儿混得怎么样，斯丹莱？

斯丹莱　咳，这是猪狗不如的日子。我后悔世界大战的时候，他们没把我拉到军队里去。到现在不见得就不活着了。

海庇　我哥哥回来了，斯丹莱。

斯丹莱　欧，他回来了，呃？从老远的西部回来。

海庇　嗯，我哥哥做牲口买卖手面做得很大。你得好好儿的招待他。我爸爸也来。

斯丹莱　喔，您老太爷也来！

海庇　你们有新鲜的龙虾么？

斯丹莱　鲜鳞活跳的，好大个儿。

海庇　我要带钳子的。

斯丹莱　您放心，我不会给您耗子肉的。（海庇大笑。）来点儿酒，怎么样？给这一餐锦上添点儿花。

陈良廷译文：

斯坦利　可不，坐在前面你正好夹在各种各样闹声当中。洛曼先生，几时你要请客，尽管吩咐，我会帮你搬到这里。不瞒你说，有不少人不喜欢幽静，他们出来就是因为喜欢看看热闹，因为他们独自呆在家里未免感到闷得慌。可是我了解你，你不是从哈肯沙克来的。你知道我是什么意思吗？

哈比　(坐下。)过得怎么样，斯坦利。

斯坦利　唉，这日子过得苦啊。我但愿大战期间他们把我招进陆军。那我现在就可以不在人世了。

哈比　我哥哥回来啦，斯坦利。

斯坦利　噢，他回来啦？从西部地区来的。

哈比　嗯，我哥哥是个了不起的牛倌，所以要好好待他。我爸爸也来。

斯坦利　噢，你爸爸也来！

哈比　你们店里有上等龙虾吗？

斯坦利　地道高档货，只只都是大个儿的。

哈比　我要带虾钳的。

斯坦利　别担心，我不会给你耗子的。(哈比笑。)喝点葡萄酒怎么样？有酒有菜别有风味。

陈译和姚译翻译这段对话的方式与英译不同，他们使用的措辞不像英译那样口语化和非正式。陈译采用直译，将上述表达分别译为"尽管吩咐""搬到这里""了解你""爸爸""别有风味"。由于陈译本的对象是国内研究《推》剧的学者，其文化传播途径不同，在文化词的处理上也不同，主要采用了异化处理方式；姚先生也增加了一些北京土话，让中国观众(读者)从字里行间能感受到小人物的语言特点，"吩咐下来""安排在这儿后边""知道您""老太爷""锦上添点花儿"采用了更加书面语的行文风格，体现了姚先生西学修养饱满，文学功底深厚。如果用于舞台表演，与没有受过教育的服务员这一身份不太相符。

其中"I don't give you no mice"指的是"我绝不会给您耗子的"，"you ain't from Hackensack"是"您不是从哈肯萨克来的"英先生将这两句运用接地气的北京话翻译为"绝不能拿两只耗子糊弄您"和"您不是那号俗人"传了原文的含义，使人物语言贴近中国观众。陈译"我不会给你耗子的"和"你不是从哈肯沙克来的"基本采用直译，对第二句中的地名添加了脚注；姚译"我不会给您耗子肉的"，姚译中将"mice"译为"耗子肉"意思上比"耗子"更明确些，"您不是从哈根撒克（Hackensack）这种小地方来的"对地名进行了补充说明，便于观众理解。在翻译专有名词时，陈译基本上采用音译加脚注的方式，姚译采用音译加原文专有名词加补足信息的方式。我们认为，从舞台表演角度来看，英译采用的意译策略更能表达出舞台效果。

此外，原剧本中"Big Cattle man, my brother"按照汉语的表达习惯，应表述为"我哥哥是牧场大老板"，但英先生译为"畜牧业里的大人物，我哥哥"，保留了原句的倒装结构，与原句语言的长度和节奏接近，增强了语言的表现力，也为演员留下了很好的表演空间，突出了哈皮对侍者斯坦利吹牛的语言特点。陈译"我哥哥是个了不起的牛倌"和姚译"我哥哥做牲口买卖手面做得很大"都按照汉语句式的语序来翻译，符合汉语表达习惯，姚译中"手面"指"做事的排场或用钱的宽紧"，"手面"也是曲艺术语。我们认为英先生使用的倒装句式尊重了原剧本语言结构的特色，同时也凸显了哈皮的性格特点。

总体来看，英若诚先生的译本以舞台演出为目的，主要采用意译的翻译策略，译文语言简练、尽量"口语化"，采用北京方言和简化句式等来塑造人物性格和表达舞台动作，以消除因文化差异而影响观众理解人物语言、思想的障碍，使所译戏剧在读者、观众中产生与源语背景相似的效果。英若诚以表演为目的的戏剧翻译，为了保证人物对白的动态效果，营造浓厚的戏剧艺术氛围，为演员的现场表演和观众的剧场欣赏提供了理想的保障。

思考与阅读

　　著名作家舒乙先生称赞英若诚为"交叉点上的人"，并称"他的纵坐标是优秀的民族传统"，"横坐标是丰富的世界文明"，英若诚不仅兼收并蓄中西方文化，他的独特之处还在于，他是集演员、翻译家和文艺组织家的"三套马车"，在中国现代戏剧发展史上是"十足的独一份，除了英若诚之外再找不出第二个人来。"①

　　诚然，英若诚集导演、演员、翻译乃至文化名人于一身的理想的戏剧译者的特殊身份和经历，造就了他独一无二的精彩译本。戏剧尤其是话剧，主要是语言的艺术，是最依赖口语的直接效果的艺术，而且是靠听觉欣赏的活的语言的艺术，突出戏剧语言的"口语化"和"简洁易懂"等特点。英若诚的戏剧翻译作品都是以舞台演出为目的。在翻译过程中，英先生非常注重语言对观众的直接效果，力求译文既忠实原著，又符合台下观众的审美习惯，使每个角色的语言都各具特点，遂采用意译的翻译策略，根据原剧本的社会背景和人物角色特点等来确定译文的语言风格和对白形式，以消除文化差异给观众带来的理解上的障碍，使译本在读者、观众或听众中产生与源语背景相似的效果。所以不论是在北京人艺的舞台，还是在国外的舞台，英若诚翻译的舞台剧本均受到了中外观众的热忱欢迎。那么，英若诚先生在剧本翻译方面取得的成就对他的整个艺术实践产生了什么影响？他的成就同北京人艺的艺术风格又有着什么必然的联系？

　　《家》和《推销员之死》分别是英若诚翻译戏剧中，在目的语语言文化语境下被成功搬上戏剧舞台，并在观众中获得热烈反响的汉英／英汉代

---

　　① 锦云著，英若诚译：《狗儿爷涅槃：汉英对照》，北京：中国对外翻译出版公司，1999年，第12页。

表作。英若诚在美国讲学期间为学生们排练的《家》获得全美第 15 届大学戏剧节的导演奖。请阅读剧本《家》和《推销员之死》，体会英先生在这两部剧中的翻译特点，比较这两个剧本中人物之间的相互关系和矛盾冲突是否存在相似性？在语言特征上是否也具有相似性？

以下是我们推荐的一些基础读物。

（1）Arthur, Miller. *Death of a Salesman*. New York: Penguin Books, 1998.

（2）英若诚：《推销员之死》，上海：上海译文出版社，2020 年。

（3）陈良廷：《阿瑟·密勒剧作选》，上海：上海译文出版社，1980 年。

（4）思果：《推销员之死：选评（姚克译本）》，北京：中国对外翻译出版公司，2004 年。

（5）英若诚：《英若诚译名剧五种》，沈阳：辽宁教育出版社，2001 年。

（6）英若诚：《家》，北京：中国对外翻译出版公司，1999 年。

（7）英若诚：《家》巴金著；曹禺改编，北京：中国对外翻译出版公司，1999 年。

（8）英若诚，康开丽：《水流云在：英若诚自传》，北京：中信出版社．2009 年。

（9）姚家余：《英若成传》，沈阳：春风文艺出版社，2008 年。

后　记

人生如戏，"戏"在曲折、波折，甚至挫折，写书、出书的戏剧性过程亦不遑多让。《"不可儿戏"——英语名剧名译赏析》一书的出版，可谓历尽波折！

有心的读者或许发现了，该书的几位著作者与《东海西海：英语名诗名译赏鉴》（南开大学出版社，2021年1月第1版）和《南学北学：理论视角下的英汉名译赏析》（河海大学出版社，2022年3月第1版）庶几相同。确实如此，这三部著作的作者都是祖国西陲边城石河子大学外国语学院的几位中青年教师。受地理和发展程度等因素的制约，这几位教师在学理和学术造诣上只能说"勉为其难"，然而难能可贵的是他们受到了几位"贵人"的相助和提携。2002年伊始，教育部部署北大对口支援石大的序幕拉开，北大外院的程朝翔教授第一个来到石大外院（当时名为石河子大学师范学院外语系），为英语系大三的学生讲授"英国文学"课程，主讲莎士比亚和乔伊斯。程师在黑板上密密麻麻的书写，令我等眼界大开，至今思之，真后悔不能一一笔之于册。不久，王继辉教授亦来支教，讲授"乔叟与中古文学"。王师翩翩公子，只着笔挺西装、洁白衬衫，头发一丝不乱，不用课本，只拿数张卡片，讲课时如"滔滔江水，绵绵不绝"，倾倒一片。2003年，何卫老师来校支教，主讲语言学，其与王师截然不同，身着T-shirt和牛仔裤，随和极了，讲课如邻家大哥娓娓道来。2004—2005年，学院又请得胡壮麟教授和姜望琪教授前来做讲座和授课。胡壮麟教授执国内语言学界之牛耳，其讲座令人如沐春风；姜望琪教授名重学林，然极为谦虚，在石大中区第一阶教做公共讲座时，"人山人海"，连走廊和窗台上也挤满了学生，堪比今日之追星。2006 年，国内英国文学大家刘意青教授来我院讲座，我们吸取之前教室太小之教训，换到北区会堂报告厅，但依然不够坐，讲座之后众学生围堵刘师殷勤请学，直是"水泄不通"矣。不仅如此，2008 年，刘师以近古稀之年来学院任援疆院长，在此期间呕心沥血、殚精竭虑之细事，非数百页之著作而不能穷尽。2009年，刘师组织学院文学课教师，编写英语小说教材，并亲自联系北京大学出版社，于 2010 年正式出版（《英语短篇小说选读》2010 年 8 月第 1 版，2018 年 7 月第 2 版），此事虽只是刘师于石大外院贡献之一小节，但启发了我们、开启了我们自己努力编著的先河。2010 年，刘师于凛寒冬日由办公室回住处路上摔倒而骨裂，即便如此她依然为年轻教师讲授《尤利西斯》。继刘师而来者是凌建侯师，凌师做事果断，雷厉风行，坚持让我们读文献，修改我们的文章，推荐发表，其回京后连招我院三名教师为博士，听闻这在北大亦成了传奇。程朝翔师和王继辉师后来陆续短期来校讲学，程师更于近花甲之年任我院援疆院长，为我院翻译专业硕士点的申请等奔走呼吁、不曾停歇。正是在刘师、程师等的指导和影响下，我们开始努力提高自己。当我们写完《东海西海》一书时，程师欣然为之作序，当我们想写《南学北学》一书时，程师又多方为我们联系出版社，如今我们快完成《"不可儿戏"》一书，我们心想：不能再麻烦程师了！

　　有心的读者或许也发现了，《东海西海》和《南学北学》两书的书名来自钱锺书在《谈艺录·序》中的名句：东海西海，心理攸同；南学北学，道术未裂。确实如此，我们敬仰钱锺书先生，敬佩他在中外文字上的高深造诣，常有"虽不能至，心向往之"之感。我们也极其认同钱先生的观点，那就是无论语言文化如何不同，中西之间总是有可以沟通的东西，而翻译就是沟通的渠道。钱先生在《林纾的翻译》中也表达过另外一个观点：有时候宁肯读原文。这自然在理，碰见那种糟糕的译文，自然读原文更好。不过，以笔者所见，学外文者多，能读外文原文者似乎并不多，因此译文似乎还有存在的必要，当然这个译文必须是准确传达原文意义的文本。因此，翻译，至少严肃认真的翻译，还有存在的必要。细心的读者还也许会发现，《东海西海》主要写诗歌翻译，《南学北学》主要写小说翻译，那么《"不可儿戏"》自然就该是论述戏剧了，然也。不过，当我们为这部小书起名的时候，起先也想从钱锺书先生的文字中选一个有意义的说法，后来想到余光中先生在中外文字的考量上与钱锺书先生是一种呼应，就用了余先生对王尔德戏剧的翻译译名。

呈现在读者诸君面前的这部小书，其构思当在数年之前，然人事丛脞，虽有构思，下笔亦难。几年之前，著者决意动笔，然因他事而搁置。2020 年初才算真正动笔，其间于内容又有所调整。此可算波折之一。当此书初具雏形，因形势需要，我们便想适时出版，首先浮现脑海的便是南开大学出版社。我们虽地处边疆，但南开大学出版社不惮路远人轻，为我们出版著作提供了多种方便，一起合作出版了《主题·民族·身份——叶芝诗歌研究》《借鉴与融合——叶芝诗学思想研究》《东海西海：英语名诗名译赏鉴》等著作。尤其是田睿编辑，为人亲和，为事效率甚高，几次合作均甚融洽。为此，我们想再次与其合作，遗憾的是，她已调离出版社到其他单位，不过她很快介绍了业务精熟的叶淑芬编辑给我们，使得后面的合作顺利展开。此可算波折之二。好事多磨，在书稿杀青、即将签合同之际，费用一事颇为周折。磨则磨矣，事在人为，好在结果是好的，正如莎翁所写：All's well that ends well。此可算波折之三。

如今书稿将正式出版，除感谢上述引领我们进入学术领域的北大诸先生外，我们还想特别感谢家人们，没有她们／他们替我们遮挡了许多麻烦、处理了各种家庭琐事、留出了写作的时间和空间，这本书的著作或出版仍将遥遥无期。

欧光安

执笔于石大中区会 1 西 201